Par Damours

EXPOSITION

DES

LOIX.

EXPOSITION
ABRÉGÉE
DES LOIX.

Avec des obſervations ſur les uſages des Provinces de Breſſe & autres régies par le droit écrit.

A PARIS,

Chez { HUART & MOREAU fils, Libraires de la Reine & de Monſeigneur le Dauphin, rue St. Jacques.
DURAND, rue St. Jacques.
PISSOT, Quai des Auguſtins, au coin de la rue Gille-Cœur.

M. DCC. LI.

Avec Approbation & Privilege du Roy.

TABLE

Des Titres contenus en cet Ouvrage.

LIVRE DEUXIEME, DES ENGAGEMENS QUI SE FORMENT SANS CONVENTION.

LIVRE TROISIEME, DES SUITES QUI AJOUTENT AUX ENGAGEMENS, OU QUI LES AFFERMISSENT.

Fin de la Table.

EXPOSITION
ABREGÉE
DES LOIX,

Avec des Observations sur les Usages des pays de Bresse, Bugey & autres Provinces régies par le Droit Ecrit.

LIVRE PRÉLIMINAIRE.

TITRE PREMIER.

Des Regles du Droit.

UNE regle du Droit, est une expression courte & claire de ce que demande la justice en divers cas. Il y a de deux sortes de regles. Celles du droit naturel, & celles du droit positif, qu'on appelle autrement humaines ou arbitraires. Les premieres ont été établies par Dieu même ; & les autres par les hommes.

LES exceptions ſont des regles qui bornent l'étendue des autres. Il y a des exceptions du droit naturel, & des exceptions du droit poſitif.

LES regles naturelles ſont connues de tout le monde : mais les loix arbitraires n'ont leur effet qu'après leur publication, & alors elles obligent indifféremment tout le monde.

LES Loix arbitraires ſont de deux ſortes. L'une de celles qui dans leur origine ont été établies par ceux qui en avoient l'autorité, comme ſont en France les Ordonnances des Rois ; & celles dont il ne paroît point d'origine, mais qui ont été reçûes par une approbation univerſelle comme les Coûtumes.

LES Coûtumes en France ne tirent leur autorité que du Prince qui les a confirmées en Loix.

LES Loix nouvelles qui reglent l'avenir ne donnent aucune atteinte au droit déja acquis. Ainſi, l'Ordonnance d'Orleans, en bornant juſqu'à deux dégrés, outre l'inſtitution, les ſubſtitutions qui ſe pouvoient faire à l'infini, réduiſit au quatrieme dégré outre l'inſtitution, celles qui étoient déja faites, & excepta les ſubſtitutions dont le droit étoit déja échu & acquis, quoique ce fut au delà du quatrieme degré.

LORSQUE le Roi ordonna que le prix des offices ſe diſtribueroit par ordre d'hypoteque, cette Loi ſervit de regle pour les procès qui étoient indécis dans les Provinces, où il n'y avoit point de Coûtume contraire qui ſervit de regle.

Les Loix arbitraires peuvent être abolies, ou par une Loi expresse qui les abroge, ou par un long usage qui les détruise.

L'usage de toutes les Loix consiste à ordonner, défendre, permettre, punir.

Les Loix repriment ce qui est fait en fraude de leurs dispositions ; ainsi les Loix qui défendent de donner entre conjoints par le mariage, annullent les dispositions faites au profit de tierces personnes, dans le dessein de faire passer la libéralité à l'un desdits conjoints.

Les Loix ne sont jamais faites pour une personne, ni pour un cas particulier ; mais elles sont générales, & comprennent tous les cas où leur intention peut servir de regle.

S'il étoit possible qu'il y eût quelque cas qui ne fut pas réglé par les Loix arbitraires, il auroit pour Loi les principes de l'équité naturelle.

Les Loix doivent être interprétées en deux cas lorsqu'elles sont ambigues ou lorsqu'étant fort claires, elles renfermeroient une injustice si on les prenoit dans leur sens apparent.

Les Loix naturelles sont mal appliquées lorsqu'on en tire des conséquences contre l'équité.

Les Loix arbitraires sont mal appliquées lorsqu'on en tire des conséquences contre l'intention du législateur. Ainsi, par exemple, l'Ordonnance de Moulins qui annulle indistinctement les substitutions par le défaut de publication, sans marquer à l'égard de quelles perſonnes elles ſeront nulles; ne les rend pas telles à l'égard de l'héritier chargé de ſubſtitution qui négligeroit de faire la publication ; car il ne ſeroit pas juſte qu'il profitât de ſa négligence, & de ſa mauvaiſe foi. D'ailleurs il eſt obligé par une autre regle d'exécuter les diſpoſitions du teſtateur.

L'on ne doit pas prendre pour des injuſtices les déciſions qui paroiſſent avoir quelque dureté qu'on appelle rigueur du droit. Ainſi, ſi un teſtateur mouroit prenant la plume pour ſigner ſon teſtament, ou qu'il manquât quelqu'autre formalité preſcrite par la Loi ou par la Coûtume, ce teſtament ſera abſolument nul.

Il faut cependant tempérer la rigueur de la Loi lorſque l'équité le demande. Ainſi, dans le cas d'un teſtateur qui ordonne que ſi ſa femme, qu'il laiſſe groſſe, accouche d'un fils, il aura les deux tiers de la ſucceſſion, & elle le tiers ; que ſi c'eſt une fille, la mere & la fille partageront également la ſucceſſion. S'il arrive qu'il naiſſe un fils, & une fille, la rigueur paroît exclurre la mere, parce qu'elle n'étoit pas appellée au cas qui eſt arrivé : mais il eſt de l'équité que le pere ayant voulu que la mere eût part en ſes biens, ſoit qu'elle eût un fils, ou bien une fille, & lui ayant donné la moitié moins qu'auroit le fils, & autant qu'auroit la fille, cette volonté ſoit éxécutée en la maniere qu'elle doit, & peut l'être, & que pour cela le fils ait la moitié, & la mere & la fille chacune un quart. Ainſi, pour un autre exemple, ſi un pere & un fils meurent en même tems, comme dans une bataille, ſans qu'il ſoit poſſible de ſavoir lequel a ſurvécu, & que la veuve mere de ce fils demande les biens qui ſeroient échus au fils de la ſucceſſion de ſon pere, s'il étoit certain que le fils lui eût ſurvécu : on préſume alors en faveur de la mere que le fils a ſurvécu. D'ailleurs cela eſt conforme à l'ordre naturel. On ne doit entendre cet exemple, que des biens auxquels les meres ſuccedent ſuivant l'Ordonnance de Charles IX. vulgairement appellée l'Édit des meres.

LA rigueur du droit ſe prend, ou pour une dureté injuſte & odieuſe, qui n'eſt pas de l'eſprit des Loix, dans ce cas l'on ne s'y conforme pas ; ou pour une regle inflexible, mais qui a ſa juſtice.

SI une Loi eſt conçue en des termes qui en expriment nettement le ſens, alors il faut s'y tenir. Que ſi l'on ne comprend pas le ſens de la Loi, par le ſecours même des interprétations qui peuvent s'en faire ſelon les regles, il faut alors recourir au Prince pour apprendre de lui ſon intention. Ainſi, l'Ordonnance de Moulins art. 1. & celle de 1697. tit. 1. art. 3. & art. 7. veulent que les Parlemens & les autres Cours faſſent leurs remontrances aux Rois ſur ce qui pourroit être ſujet à interprétation, déclaration ou modération.

LES Loix qui favoriſent l'utilité publique, l'humanité, la religion, la liberté des conventions & des teſtamens, & d'autres ſemblables motifs doivent s'interpréter avec toute l'étendue que peut donner la faveur de ces motifs, jointe à l'équité.

QUAND une Loi a été établie contre la diſpoſition d'une autre Loi, il ne faut pas l'étendre hors des cas qu'elle marque expreſſément. Ainſi l'Ordonnance de Moulins qui défend la preuve des conventions au-deſſus de cent livres, ne s'étend pas à des faits d'une autre nature où il ne s'agiroit point de convention.

LES bienfaits des Princes s'interpretent favorablement, les Lois s'interpretent les unes, les autres.

L'ANCIEN uſage eſt pourtant le meilleur interprete des Loix.

QUAND les difficultés qui ſurviennent ne ſont pas réglées, ni par les Loix Écrites, ni par les Coûtumes : alors il faut ſuivre les Coûtumes voiſines, & ſur-tout celles des principales villes.

LES Loix s'étendent à tout ce qui eſt eſſentiel à leur intention Ainſi, la Loi permettant le mariage au garçon à l'age de quatorze ans, & aux filles à douze ; c'eſt une ſuite de ces Loix que ceux qui ſe marient puiſſent s'obliger quoique mineurs aux conventions du mariage qui regardent la dot, le doüaire, la communauté des biens, & autres ſemblables.

LES Loix qui permettent, s'étendent du plus au moins; ainſi ceux qui ont le droit de donner leurs biens, ont, à plus ſorte raiſon, celui de les vendre.

LES Loix qui défendent, s'étendent du moins au plus. Ainſi ceux qui ſont déclarés indignes de quelque charge, ou de quelque honneur ſont à plus ſorte raiſon indignes d'une plus grande charge, & d'un honneur plus conſidérable.

CETTE étendue des Loix, du moins au plus, & du plus au moins est bornée aux choses qui sont de même genre que celles dont la Loi dispose: mais il ne faut pas tirer la conséquence, ni du plus au moins, ni du moins au plus quand ce sont des choses de différent genre, ou qui sont telles que l'esprit de la Loi ne s'y applique point.

SI quelque Loi pardonnoit des abus pour le passé, elle seroit censée les défendre pour l'avenir.

LORSQU'UN droit vient à quelqu'un par la disposition d'une Loi, ce droit lui est acquis par l'effet de la Loi, soit que cette personne sache, ou ignore cette Loi, & soit qu'elle sache, ou qu'elle ignore le fait d'où depend le droit que la Loi lui donne; cela ne s'entend pas de ce qui est acquis par des voies que les Loix autorisent: ainsi la regle, le mort saisit le vif, signifie que les héritiers du sang ont leur droit acquis à la succession quoiqu'ils ignorent la mort de celui à qui ils succedent, parce que c'est la Loi qui les appelle à la succession: mais les légataires, & les héritiers testamentaires n'étant appellés que par la volonté du testateur, leur droit n'est pas le même.

IL est libre aux personnes capables d'user de leurs droits de renoncer à ce que les Loix reglent en leur faveur, ou a des priviléges qu'on leur a accordés pourvû que des personnes tierces n'y soient pas intéressées, & que cette rénonciation ne soit pas contraire à l'équité, ni aux bonnes mœurs, ou à la défense de quelque Loi.

LES dispositions des particuliers ne peuvent empêcher celles des Loix, & les conventions qui lessent les regles n'ont aucun effet.

TITRE II.

Des Perſonnes.

LES hommes ſont capables de toute ſorte d'engagemens, & de fonctions, à moins qu'ils n'en ſoient exclus par des obſtacles particuliers. Les femmes ne peuvent pas exercer une magiſtrature, ni être témoin dans un teſtament, ni poſtuler en Juſtice, ni être tutrice que de leurs enfans.

PAR LE SENATUS-CONSULTE VELLEIEN, les femmes ne pouvoient s'obliger pour d'autres; ce qui a été aboli dans la plûpart des provinces de ce Royaume par l'Édit du mois d'Août 1706. qui a défendu l'uſage d'énoncer, dans les obligations des femmes, la rénonciation au Velleien, & qui a validé leurs obligations ſans cette rénonciation.

PAR notre uſage les femmes mariées ſont ſous la puiſſance de leurs maris; elles ne peuvent s'obliger ſans l'autorité du mari, ſinon en de certains cas. Ainſi, la femme qui eſt marchande publique, & qui fait un commerce ſeparé de celui de ſon mari, peut s'obliger ſans être expreſſément autoriſée; car c'eſt par le conſentement du mari qu'elle fait ce commerce: dans quelques provinces les femmes peuvent s'obliger ſans l'autorité de leurs maris pour ce qui regarde les biens paraphernaux. Dans d'autres provinces les femmes ne peuvent pas même s'obliger pour leurs biens dotaux avec le consentement, & l'autorité du mari.

LA naissance met les enfans sous la puissance de ceux de qui il naissent.

LES enfans Légitimes sont ceux qui naissent d'un mariage légitimement contracté ; & les Batards sont ceux qui naissent hors d'un mariage légitime.

LES enfans qui naissent morts, sont considérés comme s'ils n'avoient été ni nés, ni conçus.

LES Avortons sont ceux qu'une naissance prématurée fait naître, ou morts, ou incapables de vivre.

ON tient pour légitimes ceux qui vivent, quoique nés au commencement du septieme mois.

LES enfans qui sont encore dans le sein de leur mere n'ont pas leur état réglé, & il ne doit l'être que par la naissance, & jusques-là ils ne peuvent être comptés pour des Enfans, non pas même pour acquérir à leurs peres les droits que donne le nombre des Enfans: mais l'espérance qu'ils naîtront vivans, fait qu'on les considere, en ce qui les regarde eux-mêmes, comme s'ils étoient déja nés. Ainsi, on leur conserve les successions échues avant leur naissance, & on leur nomme des curateurs pour prendre soin de ces successions, & on punit comme homicide la mere qui procure son avortement.

LES Posthumes sont ceux qui naissent après la

mort de leur pere; ainſi, ils ne ſe trouvent jamais dans la puiſſance de leur pere, & ne ſont pas du nombre des fils de famille.

CEUX qui naiſſent après la mort de leur mere, & qu'on tire du ventre de la mere morte, ſont de la condition des autres enfans.

LES Hermaphrodites, ſont ceux qui ont les marques des deux ſexes, & ils ſont réputés de celui qui prévaut en eux.

LES Eunuques ſont ceux qu'un vice de conformation ſoit de naiſſance, ou d'autre cauſe rend incapables d'engendrer.

LES Inſenſés, ſont ceux qui ſont privés de l'uſage de la raiſon, après l'âge où ils devroient l'avoir, ſoit par un défaut de naiſſance, ou par accident, & comme cet état les rend incapables de tout engagement, & de l'adminiſtration de leurs biens, on les met ſous la conduite d'un curateur.

CEUX qui ſont tout à la fois, ſourds & muets, ou qui ont d'autres infirmités qui les rendent incapables de leurs affaires, ſont dans un état qui oblige à leur nommer des curateurs.

CEUX qui ſont en démence, & dans ces autres imbecillités, ne perdent pas l'état que leur donnent leurs autres qualités; & ils conſervent leurs dignités, leurs priviléges, leur capacité de ſuccéder, leurs droits ſur leurs biens & les effets même de la puiſſance paternelle.

LES Monſtres qui n'ont pas la forme humaine ne ſont pas réputés du nombre des perſonnes,

& ne tiennent pas lieu d'enfant à ceux de qui ils naissent : mais ceux qui ayant l'essentiel de la forme humaine, ont seulement quelque excès, ou quelque défectuosité de conformation, sont mis au nombre des autres enfans.

LES Monstres sont pourtant comptés pour remplir le nombre des enfans, lorsqu'il s'agit de quelque privilége, ou exemption qui est attribuée aux peres, ou aux meres pour le nombre des enfans.

IL y a une distinction de personnes dont les unes sont nobles, & les autres sont roturieres. Les premiers joüissent de plusieurs priviléges, exemptions, de la capacité de certaines charges & de divers bénéfices qui leur sont affectés. La Noblesse fait aussi dans quelques Coûtumes des différences pour les successions. L'on peut être noble, ou par la naissance, ou par des charges qui annoblissent, ou par des lettres qu'on obtient du Roi.

L'ON peut remarquer touchant l'état des personnes, qu'il y a des habitans de villes qui joüissent de priviléges attachés au droit de bourgeoisie ; & qu'il y a dans des Coûtumes des personnes de condition serve, qui sont engagées à des servitudes qui regardent les mariages, les testamens & les successions. Mais cette qualité, de même que celle de Justiciable, Vassal, Emphitéote, n'est qu'une suite de leur domicile, & n'est pas proprement personnelle.

L'ESCLAVE est celui qui est sous la puissance d'un maître, & qui lui appartient, de sorte que le maître peut le vendre, diſpoſer de ſa perſonne; de ſon induſtrie & de ſon travail, ſans qu'il puiſſe rien faire, rien avoir, ni rien acquérir qui ne ſoit à ſon maître.

UNE perſonne libre a droit de faire tout ce qu'elle veut, à la réſerve de ce qui eſt défendu par les Loix.

LES hommes tombent dans l'eſclavage par la captivité dans la guerre; & c'eſt une ſuite de l'eſclavage des femmes que leurs enfans ſont eſclaves par la naiſſance. A vingt ans; dans le Droit Romain, l'on pouvoit vendre ſa liberté, quoiqu'on ne pût pas vendre ſes biens.

LES affranchis ſont ceux qui ayant été eſclaves ſont parvenus à la liberté. Nous ne connoiſſons point d'eſclaves en France.

LES fils de famille ſont les perſonnes qui ſont ſous la puiſſance paternelle, & ceux, ou celles qui ne ſont pas ſous cette puiſſance dans quelque bas âge qu'ils ſoient ſont chefs de famille.

DANS le Droit Romain, les fils de famille furent premierement incapables d'acquérir: mais tout ce qui leur étoit acquis, en quelque maniere que ce fût, étoit à leurs peres, à la réſerve du pécule ſi le pere leur en laiſſoit la liberté. Enſuite ils eurent le pouvoir d'acquérir, & les peres avoient l'uſufruit de tout ce que pouvoient acquérir les fils de famille; & puis il y eut des exceptions, & les peres n'avoient pas l'uſufruit de certains biens. Ainſi, dans le Droit Romain les fils de famille ne pouvoient s'obliger à cauſe de prêts, & en France les fils de famille ne peuvent se marier, sans le consentement de leurs peres & meres, qu'après l'âge de trente ans, & les filles après vingt-cinq ans, suivant les Ordonnances de 1556. de Blois, & 1559. Ainsi en France le mariage émancipe, & dans le Droit Romain le fils & la fille mariés demeuroient sous la puissance de leur pere, s'il ne les émancipoit en les mariant.

L'ÉMANCIPATION n'altere pas le droit naturel de la puissance paternelle.

LES Impuberes sont les garçons qui n'ont pas encore quatorze ans accomplis, & les filles qui n'en ont pas douze: & les adultes sont les garçons à quatorze ans accomplis, & les filles à douze.

C'EST la puberté qui fait cesser l'incapacité du mariage: mais la pleine puberté qui rend le mariage plus honnête s'étend jusqu'à dix-huit ans accomplis pour les mâles, & quatorze ans pour les filles.

LES mineurs sont ceux des deux sexes qui n'ont pas encore vingt-cinq ans accomplis, quoiqu'ils soient adultes, & ils sont en tutelle jusqu'à cet âge. Et les majeurs sont ceux qui ont passé le dernier moment de la vingt-cinquieme année.

DANS le Droit Romain, le adultes n'avoient point de tuteurs, mais des curateurs, & dans notre usage la tutelle ne finit qu'à vingt-cinq ans; excepté dans quelques Coûtumes qui font cesser plutôt la minorité: telle est la province de Bugey, & celle de Bresse régies par le Droit Ecrit.

LES sujets du Roi sont appellés Regnicoles

les ſujets d'un autre Prince, qui n'ont pas été naturaliſés, que nous appellons aubains *quaſi alibi nati*, ſont incapables de ſuccéder, de diſpoſer par teſtament; ils ne peuvent poſſéder de charges, ni de bénéfices; ils ſont dans les autres incapacités réglées par les Ordonnances, & par notre uſage. Ordonnance 1386. & 1431. & celle de Blois article. 4.

ON appelle mort civile, l'état de ceux qui ſont condamnés à la mort, ou à d'autres peines qui emportent la confiſcation de biens.

LES Religieux profés ſont dans une eſpece de mort civile, qui les rend incapables d'effets civils. En France les biens de celui qui fait profeſſion ſont acquis à ſes héritiers, ou à ceux à qui il les veut donner : mais il ne peut pas en diſpoſer au profit du Monaſtere.

LES Corps & les Communautés ſont établis pour former des ſocietés utiles à la Religion, ou à la politique, & tiennent lieu de personnes qui ont leurs droits, leurs biens & leurs priviléges. Il leur eſt défendu d'aliéner leurs biens ſans de juſtes cauſes, ils ſont établis pour durer toûjours; & c'eſt à cauſe de cette perpetuité, & de ces défenſes d'aliéner qu'ils ſont appellés en France gens de main-morte, parce que ce qu'ils acquierent demeure toûjours en leur poſſeſſion: le Roi, & les Seigneurs des fiefs, & des cenſives perdent leurs droits pour les aliénations, & les mutations de ce qui eſt une fois entré dans les biens de ces Communautés, ce qui a fait qu'il ne leur est permis d'acquérir des immeubles qu'en payant un droit au Roi qui s'appelle amortissement & l'indemnité au Seigneur. *Voyez les Ordonnances de Philipe III. 1275. & de Charles VI. 1372.*

TITRE III.

Des Choses.

LES Cieux, les astres, la lumiere, l'air & la mer sont des biens tellement communs, qu'aucun ne peut s'en rendre le maître, ni en priver les autres.

IL faut remarquer que les Princes s'attribuent l'empire des mers, & qu'ils défendent la pêche aux particuliers dans les mers, & dans les rivieres. Le Droit Romain la permettoit, ainsi que la chasse.

LES fleuves, les rivieres, les rivages, les grands chemins sont des choses publiques qui sont à l'usage des particuliers, & qui sont hors du commerce.

ON met au nombre des choses publiques & qui sont aussi hors du commerce, les murs, les fossés, les maisons de ville & les places publiques.

LES immeubles sont toutes les parties de la surface de la terre de quelque maniere qu'elle soit distinguée, ou en places pour des bâtimens, ou en bois, prés, terres, vignes ou autrement, & à qui que ce ſoit qu'elles appartiennent. On appelle auſſi immeubles tout ce qui eſt adhérent à la ſurface de la terre, ou par la nature, comme les arbres, ou par la main des hommes, comme les maiſons & autres ouvrages, quoique ces ſortes de choſes puiſſent en être ſéparées, & devenir meubles. Les fruits pendans par racines, c'eſt-à-dire qui ne ſont pas encore cueillis, ni tombés; mais qui tiennent à l'arbre ſont partie du fond. Tout ce qui tient aux maiſons, & autres bâtimens, comme ce qui eſt attaché à fer, plomb, plâtre & autrement à perpétuelle demeure, eſt réputé immeuble.

Les meubles, ou choſes mobiliaires, ſont toutes celles qui ſont ſéparées de la terre, & des eaux, ſoit qu'elles en ayent été détachées comme les arbres tombés, ou coupés, les fruits cueillis, les pierres tirées des carrieres, ou qu'elles en ſoient naturellement ſéparées comme les animaux.

Il y a des meubles vifs qui ſe meuvent d'eux-mêmes, comme les animaux. Il y a des meubles morts, & ce ſont toutes les choſes inanimées.

Il y a de deux ſortes d'animaux; animaux privés & à l'uſage des hommes, comme les chevaux, les bœufs, les moutons & autres; & animaux ſauvages hors de la puiſſance des hommes, comme les oiſeaux, & les poiſſons : ils paſſent à la puiſſance des hommes par la chaſſe & par la pêche, ſelon que l'uſage peut en être permis.

Il y a des choſes mobiliaires dont on peut uſer

ſans

ſans qu'elles périſſent, comme un cheval, une tapiſſerie ; & il y en a dont on ne peut uſer ſans les conſumer, comme le fruit, les grains, le vin & l'huile, &c.

Il y a des choſes qui ſont hors du commerce, & des choſes qui ſont dans le commerce. Les premieres ſont les choſes publiques, communes, deſtinées au culte Divin, les égliſes, les vaſes ſacrés, les cimetieres, les ornemens ; les oblations ſont hors du commerce pendant qu'elles demeurent dans le ſervice Divin.

Il y a des choſes ſenſibles corporelles, & des choſes incorporelles qui n'ont leur nature & leur exiſtence que par les Loix, comme ſont une hérédité, une obligation, une hypoteque, un uſufruit & une ſervitude, &c.

Il y a des immeubles qui ſont affectés à de certaines charges & redevances qui en ſont inſéparables, comme ſont les fiefs qui paſſent avec les charges à toutes ſortes de poſſeſſeurs.

L'origine de ces charges dans le Droit Romain, venoit des conquêtes des provinces dont on diſtribuoit les fonds à la charge d'un certain tribut, à quoi n'étoient pas aſſujettis ceux de l'Italie, & de quelqu'autres provinces diſtinguées par des exemptions.

Il y a des provinces en France où tous les héritages ſont reputés allodiaux, ſans charge de cens, s'ils n'y ſont aſſervis par quelques titres ; & d'autres où l'on ne reconnoît point d'allodiaux.

Les héritages allodiaux peuvent être ſujets à la dixme Écclέſiaſtique.

Les fonds que les particuliers ne peuvent poſſeder, ſont des mines d'or, d'argent, & d'autres métaux ou matieres ſur leſquelles le prince a ſon droit.

On diſtingue dans l'ordre des Loix la monoye publique, & un thréſor qui eſt un ancien dépôt d'argent, ou d'autres matieres précieuſes, miſes dans un lieu caché, ou quelque évenement les fait découvrir, & dont on ne peut ſavoir qui en eſt le maître.

L'on diſtingue encore dans les biens des particuliers les acquêts, & les propres, les paternels & les maternels.

Acquêts, ſont ce qu'avoit acquis celui du bien duquel il s'agit. Les propres, ſont les biens venus de ceux à qui l'on devoit ſuccéder. Les biens paternels ſont les biens venus du pere, ou autres aſcendans & collatéraux de l'eſtoc paternel. Les biens maternels, ſont les biens venus de la mere, ou autres aſcendans & collatéraux de l'eſtoc maternel.

LIVRE PREMIER.

Des Engagemens.

TITRE PREMIER.

Des Conventions.

LA convention eſt le conſentement de deux, ou pluſieurs perſonnes, pour former entr'eux quelque engagement, ou pour en réſoudre un précedent, ou pour y changer. Ce mot de convention comprend toutes ſortes de contrats, traités & pactes de toute nature.

IL y a quatre eſpeces de conventions, ceux qui traitent enſemble, ou ſe donnent réciproquement une choſe pour une autre, *do ut des*, comme dans une vente, ou dans un échange ; ou font quelque choſe l'un pour l'autre, comme s'ils ſe chargent de l'affaire l'un de l'autre *facio ut facias*; ou bien l'un fait, & l'autre donne, comme lorſqu'un mercenaire donne ſon travail pour un certain prix, *facio ut des*, *aut do ut facias* ; ou enfin un ſeul fait, ou donne, l'autre ne faiſant, & ne donnant rien : comme lorſqu'une perſonne ſe charge gratuitement de l'affaire d'un autre, ou que l'on fait une donation par pure libéralité.

L'OBLIGATION qui ſe contracte par les conventions ſeroit nulle ſi elle étoit ſans cauſe.

DANS ces différentes ſortes de conventions, il y en a qui ont un nom fort connu, comme la vente, le loüage, le prêt, le dépôt, la ſociété & autres ; il y en a qui n'ont point de nom.

LES conventions s'accompliſſent par le conſentement mutuel donné, & arrêté réciproquement. Ainſi, la vente eſt accomplie par le ſeul conſentement, quoique la marchandiſe ne ſoit pas délivrée, ni le prix payé. Mais dans les conventions qui obligent à rendre ce qu'on a reçu, ou la même choſe, l'obligation ne ſe forme que quand la délivrance accompagne le conſentement, comme dans le prêt, le dépôt, &c.

LE conſentement qui fait la convention ſe donne par écrit, ou ſans écrit.

LES conventions ſe font pardevant Notaire, ou ſous ſeing privé ; ſoit que ceux qui font la convention l'écrivent de leur main, ou que ſeulement ils ſignent.

SI la verité d'une convention ſans écrit eſt conteſtée, on en peut faire preuve.

IL faut remarquer que l'Ordonnance de Moulins, & celles faites depuis, ont défendu de recevoir les preuves de conventions verbales au deſſus de cent livres.

LES conventions pardevant Notaires portent la preuve de leur verité par la ſignature de l'Officier public : elles ſont exécutoires ſuivant l'Ordonnance de 1539. art 65. & 66.

LES conventions pardevant Notaires ne s'accompliſſent qu'après que tout écrit, & que ceux qui doivent ſigner y ont mis leurs ſeings, & les Notaires le leur.

LES conventions peuvent ſe faire non ſeulement entre préſens, mais auſſi entre abſens, par procureurs, ou autres médiateurs ; & même par lettres.

TOUTES ſortes de perſonnes peuvent faire des conventions telles qu'elles veulent, pourvu qu'elles ne ſoient point incapables de contracter, & que les conventions n'ayent rien de contraire aux Loix, ni aux bonnes mœurs.

LES conventions qui ſont faites par erreur & par force, ſont nulles.

PERSONNE ne peut faire des conventions pour un autre, s'il n'a pouvoir de lui; & on peut encore moins faire préjudice par des conventions à des tierces perſonnes.

ON peut faire des conventions pour ceux de qui l'on a charge, & on les engage ſelon le pouvoir qu'ils en ont donné.

LES tuteurs & curateurs, les adminiſtrateurs & les chefs des communautés, le maître d'une ſocieté, les commis & prépoſés à quelque commerce, & toutes perſonnes qui en ont d'autres ſous leur puissance, ou sous leur conduite, ou qui les représentent, peuvent faire des conventions selon l'étendue de leur ministere & de leur pouvoir.

Si un tiers traite pour un absent sans avoir son ordre, mais s'en faisant fort, l'absent n'est obligé, que lorsqu'il ratifie. Et s'il ne le fait, le tiers sera tenu de la peine à laquelle il se sera soûmis, & des dommages qu'il aura causés.

Les conventions étant formées, tout ce qui a été convenu tient lieu de Loi à ceux qui les ont faites, & elles ne peuvent être revoquées que de leur consentement commun.

Les doutes, & les obscurités des conventions s'expliquent par l'intention commune des contractans. En sorte que si cette intention est évidente, il la faut suivre, plutôt que le sens des termes qui y paroîtroit contraire.

Si l'on ne découvre pas par l'expression l'intention des contractans; il faut avoir recours à l'usage des lieux où les personnes ont fait la convention, & il faut s'en tenir à ce qui sera de plus vraissemblable.

Les clauses des conventions s'interpretent les unes par les autres.

Les obscurités, & les incertitudes des clauses, s'interpretent en faveur de celui qui s'est obligé, à moins qu'il n'aye dû s'expliquer, & que l'ambiguité ne soit un effet de sa mauvaise foi; car dans ce cas l'interprétation se fait contre lui.

L'obligation alternative est au choix de celui

qui est obligé. Si dans une convention on a laissé à régler le prix d'une chose, l'estimation ne s'en fera, ni au plus haut prix, ni au plus bas, mais au prix commun.

LES estimations des choses qui n'ont pas été délivrées en tems & lieu, comme du vin, des grains, se font sur le pié de leur valeur, au tems & au lieu où la délivrance en devoit être faite.

ON rejette de même que dans les testamens les expressions qui ne peuvent avoir aucun sens, par aucune voie, comme si elles n'avoient pas été écrites.

LES fautes d'écriture n'empêchent pas l'effet de la convention, quand elles peuvent être réparées par le sens.

TOUTES les clauses des conventions ont leur sens borné au sujet dont on y traite, & ne doivent pas être étendues à des choses où il n'a point été pensé. Ainsi une quittance générale, relative à un compte de recette & de dépense, n'annulle pas des obligations dont on n'a point compté. C'est pour cela qu'une transaction est bornée aux différends dont il s'agit, à moins qu'on n'en rappelle d'autres expressément.

LES conventions judiciaires qui sont ambiguës, s'interprtent par l'intention de la sentence, ou de l'arrêt qu'on éxécute.

IL y a trois sortes d'engagemens dans les conventions, ceux qui sont exprimés, ceux qui sont réglés par quelque Loi, ou par quelque Coutume.

L'EXÉCUTION des conventions, comme l'obligation doit être réciproque.

SI la convention n'étant pas encore éxécutée, ou ne l'étant que d'une part, il arrive un changement qui doive suspendre l'éxécution, ou ce qui en reste à faire : l'éxécution doit être sursise jusqu'à ce que l'obstacle soit levé, & cela est sousentendu dans la convention.

EN toutes conventions, celui qui manque aux engagemens où il est entré, ou qui est en demeure, soit qu'il ne le puisse ou ne le veuille, sera tenu des dommages & interêts de l'autre ; & s'il y a lieu de résoudre la convention, elle sera résolue avec les peines qui en devront suivre contre celui qui aura manqué à son engagement.

QUAND on a omis dans une convention le lieu où se doit faire la délivrance d'une chose mobiliaire, elle doit être délivrée dans le lieu où elle se trouvera ; si ce n'est qu'elle eût été mise hors du lieu où elle devoit être, par la mauvaise foi de celui qui la doit délivrer.

CEUX qui sont chargés d'une affaire, ou d'une chose d'une autre personne, répondent de leur mauvaise foi, de leurs fautes, & de leurs négligences : mais differemment, selon les differentes causes qui les en chargent ; & si l'on a réglé par la convention le soin que doit avoir celui qui est chargé, il faut s'y tenir.

PERSONNE n'est tenu dans aucune espece de conventions des cas fortuits, à moins qu'il n'eût été autrement convenu, & que la perte & le dommage arrivés par cas fortuit, ne puissent être imputés à quelque faute de l'un des contractans.

QUAND l'un des contractans n'exécute pas la convention dans le tems marqué, on ne résout pas pour cela la convention. Ainsi, si l'acheteur ne paye pas le prix au terme, la vente ne seroit pas résolue, quand même il en auroit été ainsi convenu : mais on accorde un tems à l'acheteur, pour payer le prix avant que de résoudre la vente.

ON peut ajoûter aux engagemens ordinaires, ou les diminuer; pourvû qu'il n'y ait rien de contraire aux loix naturelles, ni aux bonnes mœurs, & que le tout se fasse sans dol, ni fraude: le dol est toûjours exclus de toute sorte de conventions.

LES charges & les conditions, sont termes synonymes dans un contrat.

IL y a des conditions expresses ; il y a des conditions tacites.

DANS les conventions dont l'accomplissement dépend de l'événement d'une condition, toutes choses demeurent en suspens jusqu'à ce que la condition soit arrivée, & au même état que s'il n'y avoit pas eu de convention ; & si la condition n'arrive pas, la convention demeure anéantie : mais la condition étant arrivée, elle donne l'effet à la convention, & produit les changemens qui en doivent suivre.

L'EVENEMENT de la condition, a quelquefois un effet rétroactif. Ainsi, l'hypoteque stipulée dans une obligation conditionelle, aura ſon effet du jour de l'obligation, lorſque la condition ſera arrivée.

Dans les conventions déja accomplies, mais qui peuvent être réſolues par l'évenement d'une condition; toutes choſes demeurent cependant dans l'état de la convention, & l'effet de la condition eſt en ſuſpens juſqu'à ce qu'elle arrive. L'acheteur preſcrit, joüit, & ſi la choſe perit il en ſouffre la perte.

Le cas de la condition qui doit réſoudre la convention étant arrivé, la convention ſera réſolue, & ce changement aura les effets qui doivent ſuivre.

Les conditions qui ne ſe rapportent pas à l'avenir, mais au préſent, ou au paſſé, ont d'abord leur effet; & la convention eſt en même tems, ou accomplie, ou annullée ſelon l'effet que lui doit donner la condition. Ainſi, ſi la vente d'une marchandiſe n'eſt faite qu'au cas qu'elle ſoit arrivée à un tel port.

La convention n'eſt pas ſuſpendue, quoique ceux qui traitent ſous de telles conditions ignorent s'ils ſont obligés, ou non: mais c'eſt ſeulement l'exécution qui eſt ſuſpendue, juſqu'à ce qu'ils ſachent ſi la condition eſt arrivée ou non.

Les conditions impoſſibles annullent les conventions, ou l'on les ajoûte, ou inſere.

Si les conditions n'arrivent qu'après le décès des contractans, elles ont leur effet à l'égard de leurs héritiers.

Les conditions indépendantes du fait des contractans, ont d'abord leur effet.

Si le délai d'exécuter une condition ne devoit, ou ne pouvoit être accordé sans blesser l'essentiel de la convention, ou sans causer un dommage considérable, la condition aura son effet sans retardement, soit qu'elle dépende du fait de l'un des contractans, ou soit qu'elle en soit indépendante. Ainsi dans tous les cas, c'est par les circonstances qu'il faut juger s'il y a lieu d'accorder un délai pour exécuter une condition, ou autre engagement.

Si l'évenement, ou l'accomplissement d'une condition, est empêché par celui des contractans qui a intérêt qu'elle n'arrive point, soit qu'elle dépende de son fait, ou non, la condition à son égard sera tenue pour accomplie, & il sera obligé à ce qu'il devoit faire, ou donner, ou souffrir au cas de la condition.

Les clauses résolutoires sont celles par lesquelles on convient que la convention sera résolue en un certain cas.

Les clauses pénales sont celles qui ajoûtent une peine pour le défaut d'exécution de ce qui est convenu.

Les clauses résolutoires, & les clauses pénales ne s'exécutent pas toûjours à la rigueur : mais cela dépend de l'arbitrage du Juge qui examine les qualités des conventions, & les circonstances suivant les regles précedentes.

Il ne dépend pas de celui qui n'exécute point

ce qu'il a promis, de résoudre la convention par l'inéxécution : mais il dépendra de l'autre, ou de le contraindre à l'exécution, ou de faire résoudre la convention avec les dommages & interêts qui pourront être dûs.

L'ON peut traiter d'un droit incertain, par exemple, d'un procès pour un profit certain & connu ; c'est sur cette regle que nous recevons, dans notre usage, les renonciations des filles dans les contrats de mariage, contre la disposition du Droit Romain.

IL ne faut pas étendre cette regle à des cas dont les conséquences blesseroient les Loix naturelles & les bonnes mœurs.

LES conventions nulles, sont celles qui manquant de quelque caractere essentiel, n'ont pas la nature d'une convention.

LES conventions nulles dans leur origine, le sont, quoique la nullité ne soit pas reconnue.

LES conventions sont nulles, ou par l'incapacité des personnes, comme si l'un des contractans étoit insensé, ou par quelque vice de la convention, comme si elle est contraire aux bonnes mœurs, ou par la nature des choses qui sont la matiere de la convention, comme si l'on avoit vendu une chose publique, ou autre qui ne fût point dans le commerce ; ou par quelqu'autre défaut, comme si elle devoit être accomplie par l'évenement d'une condition qui ne soit point arrivée.

LES incapacités des personnes peuvent être, ou

par la nature, ou par quelque Loi; par la nature, comme les insensés; par quelque Loi, comme les prodigues interdits.

Les incapacités des personnes sont différentes; quelques-uns sont incapables de toutes conventions, comme les insensés, & ceux qui ne peuvent s'exprimer; d'autres seulement de celles qui leur nuisent, comme les mineurs, & les prodigues.

Les nullités des conventions, sont ou naturelles, ou dépendantes de la disposition de quelque Loi. Ainsi les conventions contraires aux bonnes mœurs, comme un traité sur la succession future d'une personne vivante, & celles qui sont impossibles sont naturellement vicieuses & nulles.

Il y a des conventions qui peuvent être déclarées nulles de la part de l'un des contractans, & qui subsistent, & obligent irrévocablement de la part de l'autre.

Tel est le contrat entre un majeur, & un mineur qui peut être annullé à l'égard du mineur, s'il n'est pas à son avantage, & qui subsiste à l'égard du majeur si le mineur ne demande pas d'être relevé.

Les conventions qui étoient sujettes à être annullées par l'incapacité des personnes, sont validées dans la suite; si l'incapacité cessant, elles ratifient, ou approuvent la convention.

Ceux que la nature ne rend pas incapables de contracter, & qui ne le sont que par la défense de quelque Loi, ne laiſſent pas de s'engager par leur convention à une obligation naturelle, qui, ſelon les circonſtances peut avoir cet effet, que quoiqu'ils ne puiſſent être condamnés à ce qu'ils ont promis, s'ils ſatisfont à leur engagement ils ne peuvent en être relevés. Par exemple, dans le Droit Romain, le fils de famille même majeur ne peut s'obliger à cauſe de prêt : mais s'il paye ce qu'il a emprunté, il ne peut le répéter.

LES conventions où les contractans errent dans le ſens, l'un entendant traiter d'une choſe & l'autre d'une autre, ſont nulles par le défaut de connoiſſance, & de conſentement à la même choſe : ainſi, celles où la liberté eſt bleſſée par quelque violence, ſont nulles auſſi.

LES conventions qui ſont nulles par le fait de l'un des contractans, comme s'il avoit aliéné une choſe ſacrée, l'obligent avec dommages & intérêts.

SI les conventions qui acquierent quelque droit à des tierces perſonnes, ſe trouvent nulles, elles n'ont pas plus d'effet à l'égard de ces perſonnes, qu'à l'égard des contractans. Ainſi, le créancier n'a aucune hipoteque ſur un héritage que ſon débiteur avoit acquis par un contrat nul.

IL y a cette différence entre la nullité, & la réſolution des conventions, que la nullité fait qu'il n'y a eu que l'apparence d'une convention ; & que la réſolution anéantit une convention qui avoit ſubſiſté.

LES dernieres conventions dérogent aux premieres, ainſi que le veulent les contractans ; ſuivant que les circonſtances le leur peuvent permettre.

Les nouvelles conventions ne peuvent faire préjudice au droit acquis par les premieres à des tierces perſonnes. Si la convention étoit réſolue par l'effet d'une clauſe du contrat, comme par une faculté de rachat dans une vente, alors le droit acquis à la tierce perſonne s'évanouiroit : ainſi une hypoteque acquiſe à un créancier ſur un héritage vendu, ceſſe ſi la vente ſe réſout par la faculté de rachat.

Les conventions ſe réſolvent par le dol de l'un des contractans, & par la léſion qu'on appelle *dolus reipſa*; un partage entre cohéritiers eſt réſolu par une trop grande inégalité, une vente par la vilité du prix, la léſion outre moitié, ou par le vice de la choſe vendue.

Les conventions ſont quelquefois réſolues par le ſimple effet de quelque évenement ; par exemple dans un loüage d'une maiſon, ſi le voiſin en obſcurcit les jours, ſi le propriétaire ne rétablit ce qui menace ruine ; ſi la maiſon doit être de moitié pour un ouvrage public, le locataire dans tous ces cas fait réſoudre le bail; de même une vente eſt réſolue par une éviction : elle l'eſt auſſi à l'égard de l'acheteur par un retrait lignager, & le retrayant eſt mis en ſa place.

Les conventions principales étant réſolues, celles qui en ſont des ſuites, & des acceſſoires le ſont auſſi.

TITRE II.

Du Contrat de vente.

LE contrat de vente eſt une convention par laquelle l'un donne une choſe pour un prix d'argent ; & l'autre donne le prix pour avoir la choſe.

LA vente s'accomplit par le ſeul conſentement, quoique la choſe vendue ne ſoit pas encore délivrée, ni le prix payé.

LE conſentement qui fait la vente ſe donne entre abſens, ou préſens, ou ſans écrit, ou par écrit, ou ſous ſeing privé, ou par devant Notaire; & après que la vente eſt ainſi accomplie, il n'eſt plus au pouvoir du vendeur, ni de l'acheteur de révoquer ſon conſentement, quand ce ſeroit immédiatement après le contrat, ſi ce n'eſt que les deux enſemble le veuillent réſoudre.

LE contrat de vente, comme tous les autres, forme trois ſortes d'engagemens ; la premiere de ceux qui y ſont exprimés ; la ſeconde de ceux qui ſont les ſuites naturelles de la vente, quoique le contrat n'en exprime rien ; & la troiſieme de ceux que les Loix, les Coûtumes y ont établis.

LE vendeur eſt engagé de délivrer la choſe vendue, quoique le contrat n'en exprime rien, & de la garder, la conſerver juſqu'à la délivrance; de la garantir ; c'eſt-à-dire, de faire que l'acheteur

teur puisse posséder sûrement la chose vendue.

Le vendeur est obligé de reprendre la chose vendue, si elle a des défauts qui la rendent inutile à l'usage de l'acheteur, ou trop incommode: ou d'en diminuer le prix, soit que les défauts fussent connus au vendeur, ou non; & s'il les connoît il est obligé de les déclarer.

La délivrance ou tradiction, est le transport de la chose vendue, en la puissance, & possession de l'acheteur.

La délivrance des immeubles se fait par le vendeur, lorsqu'il en laisse la possession libre à l'acheteur, s'en depoüillant lui-même; soit par la remise des titres s'il y en a, ou des clefs si c'est un lieu clos; comme une maison, un jardin, ou en mettant l'acheteur sur les lieux, ou seulement lui en donnant la vûe, ou consentant seulement qu'il possede; ou le vendeur reconnoissant que s'il possede encore ce ne sera plus que précairement, c'est-à-dire, comme possede celui qui tient la chose d'autrui, à condition de la rendre au maître quand il la voudra. Et si le vendeur se reserve l'usufruit, cette reserve tiendra lieu de tradiction.

Si la clause du précaire a été omise dans un contrat de vente d'un immeuble, elle y est sous-entendue pour l'effet de mettre l'acheteur en droit de prendre possession si les lieux sont libres.

Les choses incorporelles comme une hérédité, une dette, ou un autre droit ne peuvent proprement être délivrés, non plus que touchés : mais la faculté d'en uſer tient lieu de délivrance.

LA délivrance eſt la tranſlation de la propriété, pourvû que l'acquéreur paye le prix, ou donne une ſûreté ; ſi ce n'eſt que le vendeur ſe contente de la ſimple obligation ou promeſſe de l'acheteur, & cette tranſlation de la propriété eſt le parfait accompliſſement du contrat de vente ; de ſorte que le conſentement du vendeur, & de l'acheteur, ne rend pas l'acquéreur maître de la choſe vendue : mais lui donnent ſeulement le droit d'en demander la délivrance. C'eſt cette délivrance qui le rend pleinement maître & poſſeſſeur.

SI le vendeur n'eſt pas le maître de la choſe vendue, l'acheteur n'en eſt pas rendu le maître par la délivrance. Mais, s'il a acheté de bonne foi, il poſſede, joüit, & fait les fruits ſiens ſans péril de rendre ce qu'il aura conſommé pendant ſa bonne foi.

L'ACHETEUR de bonne foi preſcrit après la délivrance, & acquiert la propriété après une poſſeſſion ſuffiſante.

SI la même choſe eſt vendue à deux acheteurs, ſoit par un même, ou par deux différens vendeurs, le premier des deux à qui elle aura été délivrée, & qui ſera en poſſeſſion, ſera préféré, quoique la vente faite à l'autre fut précédente, ſi ce n'eſt que l'un des deux vendeurs ne fût pas le maître de la choſe vendue, & que l'autre le fût ; car en ce cas celui qui aura acheté du maître ſera préféré à celui à qui la délivrance aura été faite. Et dans tous ces cas l'acheteur aura son action de garantie, & de recours contre le vendeur.

La délivrance doit être faite au tems, & dans le lieu dont on est convenu, & si le contrat n'en exprime rien, le vendeur doit délivrer dans le lieu où sera la chose vendue.

Si le vendeur est en demeure de délivrer la chose vendue au jour, & au lieu, où la délivrance devoit être faite, le vendeur sera tenu des dommages & intérêts de l'acheteur.

Outre les dommages, & intérêts causés par le défaut de la délivrance, c'est encore une peine du vendeur qui manque de délivrer que la vente soit résolue s'il y en a lieu. Soit que la vente subsiste ou non, les dommages, & intérêts sont toûjours dûs.

Il ne dépend jamais du vendeur d'éluder l'effet de la vente par le défaut de la délivrance, & il peut toûjours y être contraint si elle est possible, pourvû que l'acheteur exécute de sa part son engagement : de même aussi l'acheteur ne peut donner lieu à la résolution faute de payer au terme.

Si la délivrance est empêchée par un cas fortuit, comme si la chose vendue a été enlevée par force, le vendeur ne sera tenu d'aucuns dommages & intérêts, si ce n'est que le cas fortuit arrivât après qu'il est en demeure.

Si le vendeur se trouvoit en péril apparent de perdre le prix, comme par une insolvabilité de l'acheteur, ou par d'autres causes, il pourra retenir la chose vendue par forme de gage jusqu'à ce qu'on lui donne une sûreté pour son payement : de même l'acheteur ne peut être obligé à payer le prix s'il est en péril d'éviction.

SI la chose vendue demeure en la puissance du vendeur, il est obligé d'en avoir soin jusqu'à la délivrance, ainsi qu'un pere de famille soigneux & vigilant.

SI l'on est convenu de le décharger du soin de la garde, il ne sera tenu que de la mauvaise foi, ou de la faute très-grossiere qui approche du dol.

SI l'acheteur est en demeure de prendre la chose vendue, soit après le terme réglé, soit après une sommation, s'il n'y a point de terme arrêté, le vendeur ne sera plus tenu que de la mauvaise foi.

LE premier engagement de l'acheteur est de payer le prix au jour, & au lieu réglé par la vente, & s'il n'y a rien de réglé par le contrat pour le tems, & pour le lieu du payement, l'acheteur doit payer au tems, & au lieu de la délivrance.

L'ACHETEUR n'est pas en retard de payer s'il ne differe que par l'obstacle de quelque cas fortuit.

L'ACHETEUR ne doit pas d'autres dommages pour le retardement de payer le prix, que l'intérêt des deniers, quelque perte que puisse causer le défaut de ce payement, ou quelque gain qu'il fasse cesser.

L'ACHETEUR doit en trois cas l'intérêt du

prix. Par convention s'il est stipulé, par la demande en justice, si après le terme il ne paye pas, & par la nature de la chose vendue, si elle produit des fruits, ou autres revenus, comme une maison, un champ.

Si par le défaut du payement du prix le vendeur se trouve obligé de retenir, ou reprendre la chose vendue, & que sa valeur soit diminuée, l'acheteur sera tenu de dédommager le vendeur de cette diminution, jusques à la concurrence du prix dont on étoit convenu.

Si, entre la vente & la délivrance, le vendeur est obligé de faire quelque dépense pour conserver la chose vendue, ou s'il souffre quelque dommage de ce que l'acheteur ne l'emporte pas, l'acheteur sera tenu de cette dépense & de ce dommage.

L'acheteur est obligé de prendre soin de la chose achetée dans tous les cas où il peut arriver que la vente soit résolue, soit par son fait, comme par le défaut de payement du prix, ou par l'effet d'une clause du contrat, comme s'il y avoit une faculté de rachat, & dans ces cas l'acheteur doit répondre du mauvais état où le fonds sera trouvé par sa faute, ou par sa négligence.

Il se fait quelquefois des ventes des choses à venir, comme des fruits qui seront à recueillir, & des animaux qui pourront naître. L'on peut vendre une espérance incertaine ; comme un pêcheur vend un coup de filet avant qu'il le jette, & la vente subsiste quoiqu'il ne prenne rien.

On peut vendre plusieurs choses en même tems par une seule vente, & pour un seul prix, en gros, & en bloc; comme si l'on vend tous les grains qui sont dans un grenier, & toutes les marchandises qui sont dans une boutique.

Lorsque les denrées, ou autres marchandises sont vendues en bloc; la vente est parfaite, en même tems qu'on est convenu de la marchandise & du prix: mais si le prix est réglé à tant pour chaque piéce, pour chaque livre, pour chaque mesure; la vente n'est parfaite que de ce qui est compté, pesé & mesuré: car le délai pour compter, peser & mesurer, est comme une condition qui suspend la vente.

Tout ce qui fait partie de la chose vendue, ou qui en est un accessoire, entre dans la vente s'il n'est réservé. Les servitudes, tout ce qui y est attenant est destiné à perpetuelle demeure.

Les choses détachées d'un bâtiment: mais dont l'usage y est accessoire, comme la corde d'un puits & les seaux, les robinets d'une fontaine entrent dans la vente. Et celles aussi qui n'ont été détachées que pour les y remettre: mais non pas celles qui étant déstinées pour y être mises, ne l'étoient pas encore. Pour juger sainement de ces accessoires, il faut considérer les circonstances de cet usage, leur destination à cet usage, le lieu où elles sont lors de la vente, l'état des lieux vendus, & sur-tout l'intention des contractans.

Les accessoires des choses mobiliaires qui peuvent en être separées, entrent dans la vente, ou n'y entrent pas selon les circonstances : ainsi, un cheval étant exposé en vente sans son harnois, l'acheteur n'aura que le cheval nud, & s'il est présenté en vente avec le harnois, il aura le tout.

LA vente de la chose d'autrui achetée de bonne foi subsiste, jusques à ce que le veritable maître fasse connoître son droit, & résoudre la vente.

QUOIQU'UNE vente ne puisse être faite qu'à prix d'argent, on peut par le même contrat donner en payement du prix de la vente, ou des meubles, ou des dettes, ou d'autres effets, & en ce cas ce sont comme deux ventes qu'il faut distinguer : la premiere, où le prix n'est pas payé argent comptant, & la seconde, où celui qui doit ce prix tient lieu de vendeur de ce qu'il donne pour s'en acquiter : mais pour éviter la multiplicité des actes, on ne considere ces deux ventes que comme un seul acte où elles se confondent, la seconde vente s'éclipsant dans la premiere.

DANS les ventes dont l'accomplissement dépend de l'évenement d'une condition, le vendeur demeure maître de la chose, les fruits sont à lui, jusqu'à ce que la condition soit arrivée. Mais dans les ventes accomplies, & qui peuvent être résolues par l'évenement d'une condition, l'acheteur demeure le maître jusqu'à cet évenement, il possede, il joüit, il fait les fruits siens, sans que sa prescription nuise au droit de celui que l'évenement de la condition doit rendre maître.

LES changemens avant l'accomplissement de la vente regardent le vendeur, & comme il a la liberté de ne pas accomplir la vente, si la chose se trouve dévenue meilleure; l'acheteur a aussi la même liberté s'il arrive un changement qui la diminue.

Tous les changemens qui arrivent après que la vente est accomplie regardent l'acheteur, & si la chose périt avant la délivranse, il en souffre la perte, & ne laisse pas d'être obligé d'en payer le prix; & il profite aussi de tous les changemens qui la rendent meilleure.

Si la délivrance étant retardée par le fait du vendeur & de l'acheteur; il arrive un changement qui diminue la chose vendue, ou qui la détruise, l'acheteur ne pourra imputer au vendeur son retardement. Que si le vendeur ayant été en demeure, offre ensuite la délivrance, les choses étant entieres, & que l'acheteur soit en demeure de recevoir, ou qu'au contraire l'acheteur ayant été en demeure, & faisant ensuite ses diligences, le vendeur ne délivre point; les changemens arrivés pendant le dernier retardement, tombent sur celui qui aura été le dernier en demeure.

Dans les ventes des choses qui se vendent au nombre, au poids, ou à la mesure; toutes les diminutions, & toutes les pertes qui arrivent avant qu'on ait compté, pesé, mesuré, regardent le vendeur: car jusques-là il n'y a point de vente, & les changemens qui arrivent ensuite regardent l'acheteur.

Si une chose est vendue à l'essai pendant un certain tems, à condition qu'elle ne sera vendue qu'au cas qu'elle agrée, tous les changemens, & les profits, ou pertes qui arrivent avant, ou pendant l'essai, la vente n'étant pas encore accomplie, regardent le vendeur.

Si l'on a vendu de deux choses l'une, soit au choix du vendeur, ou de l'acheteur, & qu'après la vente l'une des deux périsse pendant le délai pour le choix, le vendeur doit l'autre quand ce seroit la meilleure, car il en doit une : & si toutes deux périssent, l'acheteur ne laisse pas de devoir le prix.

Dans les ventes dont l'accomplissement dépend d'une condition, si la chose périt avant l'évenement de la condition, elle sera perdue pour le vendeur, quoique la condition arrivât ensuite; parce qu'il est sous-entendu qu'on ne vend que ce qui sera en nature au tems de la condition.

Si dans le même cas, la chose ne périt pas, mais se diminue, ou que la condition arrive qui accomplisse la vente, la perte sera pour l'acheteur, comme il auroit profité des changemens qui auroient pû rendre la chose meilleure.

Il ne dépend pas de celui qui doit accomplir une condition qui pût tourner à l'avantage de l'autre contractant, de profiter de l'inexécution.

Il étoit défendu, par le Droit Romain, à ceux qui étoient dans quelque Magistrature, d'acheter dans les lieux où ils l'exerçoient, ni des fonds, ni même des meubles, pendant le tems de leur administration. Ils peuvent seulement acheter ce qui ſe conſomme pour la nourriture, & pour les vêtemens ; & ces mêmes défenſes s'étendoient juſqu'à leurs domeſtiques. Mais en France où les charges ſont perpétuelles, ces défenſes à leur égard ſont bornées aux acquiſitions de biens, ou droits litigieux dans leurs tribunaux.

PAR les Ordonnances de Saint Louis en 1254. de Philippe le Bel en 1320. & de Charles VI. en 1388. il eſt fait défenſes aux Baillifs, & Sénéchaux d'acquérir des immeubles pendant leur adminiſtration.

PAR pluſieurs Ordonnances il eſt défendu aux Officiers, & aux perſonnes puiſſantes, ou qui ont un privilége pour faire renvoyer leur cauſe à de certains Juges, d'accepter des ventes ou tranſport de droits pour traduire d'un tribunal à un autre : & il eſt auſſi défendu au Juges, Avocats & Procureurs d'accepter des ventes, & tranſports de droits litigieux. Ordonnances de Charles V. en 1356. de François I. en 1535. chap. 12. art, 23. d'Orleans art. 54. de Louis XII. en 1498. art. 3. en 1510. art. 17.

ON peut remarquer ſur ce ſujet les défenſes que fait l'Ordonnance d'Orleans, art. 109. aux Gentilshommes, & Officiers de Juſtice, de faire trafic de marchandiſes, & tenir ferme par eux, ou par perſonnes interpoſées, à peine aux Gentilhommes de privation de nobleſſe, & aux Officiers de privation de leurs charges : mais le Roi Louis XIV. a dérogé à cette Ordonnance, pour l'article du négoce à l'égard des Gentilshommes par une Déclaration de 1702.

Les tuteurs, & curateurs & autres administrateurs ne peuvent rien acheter de leurs mineurs, & autres personnes qui sont sous leur charge, ni par eux-mêmes, ni par personnes interposées.

Les Procureurs constitués, & ceux qui font les affaires des autres, ne peuvent se rendre acquéreurs des biens de ceux dont ils font les affaires; s'ils ne les achettent d'eux-mêmes.

L'HERITIER chargé d'une substitution ne peut vendre ce bien, qu'il ne possede qu'à la charge de le rendre.

Les mineurs, les insensés, ceux qui sont interdits, & autres personnes qui n'ont pas la disposition de leurs biens, ne peuvent les vendre; & les ventes sont nulles, si elles n'ont été faites dans les formes.

Les choses communes, publiques, sacrées & tout ce qui est hors de commerce ne peut être vendu.

Les immeubles des Eglises, des Communautés, des mineurs, des insensés, des prodigues, des interdits & des autres personnes qui ne peuvent disposer de leurs biens, ne peuvent se vendre, ni autrement être aliénés, si ce n'est pour des causes nécessaires, & en gardant les regles prescrites pour ces sortes de ventes.

Le fonds dotal de la femme en puissance de mari, ne peut être vendu dans les lieux, où l'aliénation est prohibée, si ce n'est dans les cas exeptés, & en gardant les regles.

Les ventes dont l'accompliſſement dépend d'une condition, demeurent nulles ſi elle n'arrive pas. Il en eſt de même, ſi la choſe vendue périt avant que la condition ſoit arrivée.

La vente ſera nulle, pour erreur dans la ſubſtance de la choſe vendue, pour mauvaiſe foi, dol & violence. Si l'erreur ne ſe trouve que dans les qualités de la choſe vendue, il faudra juger par les circonſtances ſi la vente devra ſubſiſter, ou non.

Dans les ventes des immeubles, ſi le prix eſt moindre de la moitié de la juſte valeur, le vendeur peut faire reſoudre la vente.

Le juſte prix ſur lequel la léſion doit être reconnue, eſt la valeur de la choſe au tems de la vente; & l'eſtimation du juſte prix, pour régler s'il y a léſion, doit être faite au plus haut prix que la choſe pouvoit valoir au tems de la vente, parce qu'il faut favoriſer le vendeur léſé.

Si la choſe ſe trouve vendue à moins de la moitié de ſon juſte prix, l'acheteur aura le choix, ou de rendre la choſe, & retirer le prix qu'il auroit payé, ou de parfaire le juſte prix, & la retenir.

La bonne foi de l'acheteur n'empêche pas la reſciſion, à cauſe de la vilité du prix.

S'il n'y a pas d'autre vice dans la vente, que la léſion de plus de moitié du juſte prix, l'acheteur ne rendra les fruits que depuis la demande, ou l'intérêt du ſupplément du prix, depuis le même tems, s'il garde la chose. Mais s'il y avoit d'autre vice dans la vente, comme quelque usure, quelque dol, quelque violence, il devra les fruits depuis la joüissance, en lui déduisant l'intérêt du prix qu'il avoit payé.

L'EVICTION est la perte que souffre l'acheteur de la chose vendue, ou d'une partie par le droit d'un tiers.

LES autres troubles sont ceux qui sans toucher à la propriété de la chose vendue diminuent le droit de l'acheteur, comme si quelqu'un prétend sur un fonds vendu un droit d'usufruit, une rente fonciere, une servitude, ou d'autres semblables.

L'ACHETEUR évincé, ou troublé, ou en péril de l'être, a son recours contre le vendeur qui doit le garantir; c'est-à-dire, faire cesser les évictions & les autres troubles.

LE vendeur ne doit aucune garantie pour les pures voies de fait, les cas fortuit, ou le fait du Prince.

IL y a deux sortes de garanties, une garantie de droit à laquelle le vendeur est obligé, quoique la vente n'en exprime rien: il y a une seconde espece de garantie, qui est la conventionnelle, telle que le vendeur, & l'acheteur veulent la régler.

LA garantie de droit, ou naturelle, est la sûreté que doit tout vendeur pour maintenir l'acheteur en la libre possession, & joüissance de la chose vendue, & pour faire cesser les évictions, & les autres troubles de la part de quiconque prétendroit en la chose vendue, ou un droit de propriété, ou autre quelconque, par où le droit, qui doit être naturellement acquis par la vente, fût diminué.

LE vendeur ne peut être déchargé de la garantie de ses faits, non pas même par une convention expresse ; car il seroit contre les bonnes mœurs, qu'il pût manquer de foi.

IL y a des troubles qui de leur nature resolvent la vente, comme si l'acquéreur est évincé par le propriétaire. D'autres qui de leur nature peuvent ou résoudre, ou ne pas résoudre la vente, selon les circonstances. Ainsi, une action hypotéquaire ne résout pas la vente, si le vendeur, ou l'acheteur acquitent la dette : mais si l'héritage est adjugé aux créanciers, la vente est résolue, & dans tous ces cas soit que la vente subsiste, ou qu'elle soit résolue, le vendeur doit les dommages & intérêts, selon l'effet du trouble.

SI la vente est résolue par une éviction, le vendeur est tenu de rendre le prix à l'acheteur, & de l'indemniser des dommages & intérêts qu'il en pourra souffrir.

SI la chose vendue est au même état & de la même valeur au tems de l'éviction, qu'au tems de la vente, le vendeur ne sera tenu que de rendre le prix qu'il avoit reçû, les frais de l'expédition du contrat, ceux de la prise de possession, & les autres dommages & intérêts s'il y en a, comme si l'acheteur avoit payé un droit de lods & ventes.

Si la chose vendue est détériorée par sa nature, ou par cas fortuit, ou par l'effet du tems, au tems de l'éviction, l'acheteur ne pourra recouvrer contre le vendeur que la valeur présente ; car ce n'est que dans cette valeur que consiste la perte qu'il souffre. Par la même raison, si la chose vendue se trouve plus valoir au tems de l'éviction, le prix en ayant été augmenté par l'effet du tems, le vendeur sera tenu envers l'acheteur de ce qu'elle vaudra au tems de l'éviction.

Si la chose vendue se trouve améliorée au tems de l'éviction par le fait de l'acheteur, comme s'il a bâti dans l'héritage, il sera dédommagé par le vendeur de ce que vaudra l'héritage au tems de l'éviction, & il recouvrera de plus les dépenses faites pour l'améliorer. Il ne pourra être déposſédé qu'il ne soit remboursé, ou par celui qui évince, ou par le vendeur qui doit garantir l'éviction, & il aura son action contre l'un & contre l'autre; en tout cela c'est de la prudence du Juge de ne pas priver l'acheteur des dépenses raisonnables que le maître du fonds auroit pû, ou auroit dû faire, & de ne pas charger trop aussi le vendeur, & celui qui évince.

Si le vendeur a vendu de mauvaise foi les fonds d'autrui, il sera tenu indistinctement de toutes les dépenses faites par l'acheteur.

Ceux qui se trouvent obligés à la garantie envers l'acheteur, ne peuvent le troubler, quelque droit qu'ils puissent avoir en la chose vendue.

Si l'acheteur troublé se laisse condamner par

défaut ; s'il se défend mal, s'il ne dénonce point au vendeur la demande qui lui est faite, s'il compromet, ou transige à l'insû du vendeur, ou, s'il fait quelqu'autre préjudice à la condition de son garant, il ne pourra demander la garantie d'une éviction qu'il se doit imputer.

Apres que l'acheteur aura dénoncé le trouble au vendeur, il ne sera tenu, ni de se défendre, ni d'appeller s'il est condamné. Et soit qu'il se défende, ou non, le vendeur demeurera toûjours garant de l'évenement.

L'heritier qui vend, & transporte l'hérédité sans en spécifier les biens, les droits, ni les charges, n'est tenu de garantir que sa qualité, & son droit d'héritier; & s'il avoit profité de quelque bien de l'hérédité, il doit le rendre à celui à qui il la vend.

Celui qui vend, & transporte une dette, doit seulement garantir que ce qu'il cede lui soit dû effectivement, & si le débiteur étoit insolvable il n'en est point garant.

On appelle rédhibition la résolution de la vente à cause de quelque défaut de la chose vendue, qui soit tel qu'il suffise pour obliger le vendeur à la reprendre, & à annuller la vente.

Le vendeur est obligé de déclarer à l'acheteur les défauts de la chose vendue qui lui sont connus ; & s'il ne le fait, ou la vente sera résolue, ou le prix diminué selon la qualité des défauts, & le vendeur tenu des dommages & intérêts.

Les

LES défauts qui peuvent contribuer à la résolution d'une vente, sont ceux qui rendent la chose vendue absolument inutile, ou qui en rendent l'usage très-incommode, & qui font présumer que l'acheteur ne l'auroit point acquise, s'il les avoit connus; ainsi, un cheval vendu qui sera poussif fera résoudre la vente: mais non pas s'il est seulement dur à l'éperon. Pour ce qui regarde les immeubles, l'acheteur d'un fonds aura lieu à la rédhibition, s'il exhale de ce fonds des vapeurs malignes qui en rendent l'usage perilleux; ou pour une servitude qui ne paroissoit point, il fera diminuer le prix, il fera même résoudre la vente si la servitude est si onéreuse qu'elle en donne sujet.

MAIS si le vendeur avoit connu les défauts de la chose vendue, il répondra des suites que le défaut de la chose aura pû causer. Ainsi celui qui auroit vendu un troupeau de moutons qu'il savoit être infecté d'un mal contagieux, sans l'avoir déclaré, seroit tenu de la perte d'autre bétail de l'acheteur, que ce mal contagieux auroit infecté. Et il en seroit de même si le vendeur étoit obligé de connoître les défauts de la chose vendue, quoiqu'il prétendît les avoir ignorés, comme si un architecte qui fournit les matériaux pour un bâtiment y en avoit mis de mal conditionés, il seroit tenu du dommage qui en arriveroit.

LA rédhibition remet les choses en entier, de part & d'autre réciproquement, comme elles étoient avant la vente. L'acheteur, remboursé du prix & des intérêts, rend la chose vendue avec tout le profit qu'il en a pû tirer.

Si les défauts de la chose vendue sont évidens, comme si un cheval a les yeux crevés; ou s'ils sont tels que l'acheteur a pu les connoître, & s'en rendre certain; comme si un héritage est sujet à des débordemens; si une maison est vieille, ou si les planchers en sont pourris; l'acheteur ne pourra se plaindre de ces sortes de défauts, non plus que de ceux que le vendeur lui a déclarés.

Si le vendeur, en déclarant des qualités que la chose vendue n'avoit pas, a seulement usé de ces expressions ordinaires aux vendeurs, qui louent vaguement ce qu'ils veulent vendre, l'acheteur ne pourra se plaindre du vendeur sur de pareils prétextes.

La rédhibition a lieu, ou la diminution du prix avec les dommages & intérêts que l'acheteur a pu souffrir, si le vendeur a vendu une chose pour une autre, une vieille pour une neuve, une moindre quantité que celle qu'il a exprimée, soit qu'il ait ignoré le défaut, ou qu'il l'ait connu.

La rédhibition n'a pas lieu dans les ventes qui se font en justice.

Le tems pour être reçû à exercer la rédhibition, ne commence de courir qu'après que l'acheteur a pu reconnoître les défauts de la chose vendue; si ce n'est que ce tems fût réglé par quelque usage, ou qu'il eût été convenu que l'acheteur ne pourroit se plaindre que pendant un certain tems: mais dans le cas même d'un délai réglé, l'acheteur pourra se plaindre après ce délai selon les circonſtances, & le Juge en arbitrera.

IL y a cette différence entre la réſolution, & la nullité d'une vente; que la nullité fait qu'il n'y a jamais eu de vente, & que la réſolution fait ceſſer la vente qui a été accomplie.

LORSQUE la vente eſt réſolue, le vendeur reprend ce qu'il avoit vendu ſans aucune des charges que l'acheteur avoit pû y mettre, qui ſont uniquement du fait de l'acheteur.

LA faculté de rachat eſt un pacte par lequel il eſt convenu que le vendeur aura la liberté de reprendre la choſe vendue en rendant le prix à l'acheteur ou ce qu'il en aura été payé, & il reprend la choſe exempte des charges que l'acheteur avoit pû y mettre.

LA faculté de rachat peut être accordée, ou indéfiniment, ou en preſcrivant un certain tems; ſi elle eſt indéfinie elle dure juſqu'au tems de la preſcription, & ſi elle eſt bornée à un certain tems, le vendeur n'eſt pas d'abord exclu; mais on lui accorde un certain délai.

Il faut obſerver que cette faculté dans notre uſage à quelque tems qu'elle ait été limitée, peut durer 30 ans ſi le vendeur eſt habile.

LE vendeur exerçant la faculté de rachat d'un héritage, l'acheteur doit lui reſtituer les fruits depuis le jour de la demande.

SI la réſolution de la vente ſe fait par un commun conſentement, la délivrance faite & le prix payé ; ce n'eſt pas tant une réſolution qu'une ſeconde vente, & le vendeur reprend la choſe vendue, ſujette aux charges & hypoteques que l'acheteur a contractées.

Si le vendeur & l'acheteur réſolvent la vente avant que la choſe vendue ait été délivrée, & le prix payé, ils ſont déchargés l'un & l'autre de leurs engagemens, & remis au même état qu'auparavant. Il eſt de l'équité que dans ce cas il ne ſoit point dû de droit de lods & ventes. En Breſſe, & en Bugey ils ſe payeroient, ſi la réſolution ſe faiſoit quarante jours après la date de la vente.

Les ventes peuvent être réſolues par pluſieurs cauſes, par le défaut de la délivrance de la part du vendeur, par le défaut du payement du prix de la part de l'acheteur, par les vices de la choſe vendue, par la vilité du prix, par les évictions, par l'évenement d'une condition, par la révocation que font les créanciers du vendeur des ventes faites en fraude de leurs créances; par le retrait lignager, par les retraits féodaux & autres, par la faculté de rachat, par un pacte réſolutoire, par l'inexécution de quelqu'une des conventions de la vente, par le conſentement du vendeur & de l'acheteur, par le dol, la force, l'erreur & les autres moyens de reſtitution, reſciſion & nullité.

Les ventes forcées, ſont celles où l'on eſt contraint par l'autorité de la Juſtice pour un bien public, ou autre juſte cauſe.

Dans les néceſſités publiques, & dans une diſette de grains, on oblige ceux qui ont des proviſions, à les vendre à un prix raiſonnable. Et la Police contraint les bouchers & les boulangers à vendre à un certain prix.

Si la ſituation de deux héritages ſe trouve telle, qu'on ne puiſſe aller à l'un, que par l'autre; le propriétaire du lieu néceſſaire pour le paſſage, eſt obligé de vendre cette ſervitude dans l'endroit qui lui ſera le moins commode.

Si le propriétaire refuſe de vendre, & ſe laiſſe contraindre, la Sentence, ou Arrêt qui ſera rendu contre lui tiendra lieu de vente, & de titre d'aliénation.

Les créanciers ont droit de faire vendre les biens de leurs débiteurs, & ces ſortes de ventes ſont forcées, & ſe font en Juſtice. *Il faut voir là deſſus le ſtatut de Breſſe qui regit notre province du Bugey.*

Lorsqu'une choſe qui ne peut être que difficilement diviſée ſe trouve commune à pluſieurs perſonnes, ils la vendent pour en partager le prix, ou à l'un d'eux, ou à des étrangers qu'ils reçoivent à enchérir: l'on appelle cette maniere de vendre licitation.

La ventilation eſt une eſtimation que l'on fait de chacune de pluſieurs choſes qui ont été vendues toutes enſembles, ſans diſtinction du prix de chacune.

TITRE III.

De l'Echange.

L'ÉCHANGE dans le Droit Romain étoit considéré comme un contrat informe qui n'avoit point de nom, qui ne produisoit aucun droit d'en demander l'éxécution; lorsqu'il n'y avoit point de délivrance de part & d'autre, & lorsque la délivrance n'étoit faite que d'une part, celui qui l'avoit faite n'avoit pas droit de demander ce qu'on lui devoit donner en contr'échange, & il ne pouvoit que réprendre ce qu'il avoit donné: *mais, dans notre usage*, nous donnons à ce contrat sa perfection entiere. Les regles des ventes qui regardent la délivrance, la garantie, & les autres engagemens du vendeur, celles des changemens de la chose vendue, des nullités des ventes, de l'éviction, de la rédhibition, sont des regles communes à l'échange & à la vente, & toutes les autres à la réserve de celles qui regardent le prix, parce que dans l'échange il n'y a point de prix; ainsi, les regles de l'engagement de l'acheteur de payer le prix, celles de la faculté de rachat, & autres semblables ne s'appliquent pas à l'échange.

L'ÉCHANGE est une convention où les contractans, tenant l'un à l'autre lieu de vendeur & d'acheteur, donnent une chose pour une autre quelle qu'elle soit, hors l'argent monnoyé, car ce seroit une vente.

Si celui qui a pris une chose en échange en est évincé, il tient lieu d'acheteur, & il a son recours pour la garantie, & l'autre est tenu de l'éviction comme l'est un vendeur.

TITRE IV.

Du loüage & des diverses especes de Baux.

LE loüage en général, en y comprenant toutes les especes de baux, est un contrat, par lequel l'un donne à l'autre la joüissance, ou l'usage d'une chose, ou son travail pendant quelque tems pour un certain prix.

Celui qui baille une chose à joüir, s'appelle le bailleur, ou locateur; & on donne ces mêmes noms à celui qui donne à faire quelque ouvrage, ou quelque travail. Celui qui prend une joüissance par un loüage ou une ferme, s'appelle le preneur ou le conducteur; de même que celui qui entreprend un travail, ou un ouvrage, qu'on appelle aussi entrepreneur. Mais dans les loüages, ou prix fait du travail, & de l'industrie, les ouvriers & entrepreneurs tiennent aussi, en un sens, lieu de locateurs, car ils louent & baillent leur peine.

Ce contrat est du nombre de ceux qui s'accomplissent par le seul consentement, de même que la vente: & ces deux contrats ont beaucoup d'affinité, & plusieurs regles qui leurs sont communes.

On peut loüer toutes les choses que le preneur peut rendre au bailleur après la joüissance. D'où il s'ensuit, qu'on ne peut loüer, non plus que prêter à usage les choses qui se consomment par l'usage, comme du vin, du blé.

Les animaux qui produisent quelque revenu, comme les moutons & les brebis, dont on tire les profits de la laine, des agneaux, & l'engrais des héritages, & les autres animaux semblables peuvent être donnés par une espece de loüage à celui qui se charge de les garder & de les nourrir pour une certaine portion qui lui est laissée de ce qui provient de ces animaux, pourvû que la convention n'ait rien d'usuraire par l'excès du profit reservé au maître.

On peut loüer, comme vendre la chose d'un autre. Ainsi celui qui possede de bonne foi une chose dont il se croit maître, quoiqu'il ne le soit point, & celui qui a droit de joüir sans être maître, comme l'usufruitier, peuvent loüer & bailler à ferme ce qu'ils possedent de cette maniere.

Le prix d'un loüage, ou autre bail, peut être réglé, ou en deniers, de même que celui d'une vente, ou en une certaine quantité de denrées, ou en une portion des fruits.

La vilité du prix n'a pas lieu dans les baux, comme dans les ventes pour les résoudre; si ce n'est qu'elle fût accompagnée de dol, ou d'erreur.

Celui qui tient à loüage, ou à ferme une maiſon, ou un autre héritage, peut le ſous-loüer, ou le ſous-bailler à ferme, ſi ce n'eſt qu'il eût été autrement convenu.

Les engagemens que forment le contrat de loüage, les baux à ferme, & les autres baux paſſent aux héritiers du bailleur, & à ceux du preneur.

Le preneur ne peut ſe ſervir de la choſe loüée, qu'à l'uſage pour lequel elle lui eſt donnée, & de la maniere dont on eſt convenu; & s'il en uſe autrement, il ſera tenu du dommage qui arrivera, quand même ce ſeroit par cas fortuit.

Le preneur eſt obligé d'uſer de la choſe loüée en bon pere de famille, & de la conſerver ſans rien faire, ni ſouffrir qui faſſe préjudice au bailleur, ou locateur, & s'il le fait, & qu'il meſuſe de la choſe loüée, il en ſera tenu. Il eſt reſponſable non ſeulement du dommage qui arriveroit par ſa mauvaiſe foi, ou par une faute groſſiere qui en approchât; mais auſſi de celui qu'il pourroit cauſer par des fautes, où ne tomberoit pas un pere de famille ſoigneux & vigilant; que ſi, ſans ſa faute, la choſe périt, ou eſt endommagée par un cas fortuit, il n'en eſt pas tenu.

Le preneur eſt tenu non ſeulement de ſon fait, mais auſſi de celui des perſonnes dont il doit répondre, comme d'un ſous-locataire & de ſes domeſtiques.

Si un locataire, ou un fermier s'attire, par ſa faute, un dommage de quelque ennemi, il en ſera tenu.

Si un locataire abandonne, sans cause, l'habitation de la maison loüée, ou un fermier la culture des héritages, ils pourront être poursuivis avant le terme, tant pour le prix du bail, que pour les dommages & intérêts du propriétaire.

Si le locataire, ou fermier sont obligés à quelques réparations, soit par le bail ou par les coûtumes des lieux; ils y seront contraints, & tenus des dommages & intérêts du bailleur, s'ils ne les ont faites.

Si le locataire d'une maison disparoît sans payer les loyers, le propriétaire peut se pourvoir en Justice pour faire ordonner l'ouverture de la maison dans le tems qui sera réglé par le Juge, & faire inventaire des meubles qui s'y trouveront pour être ensuite pourvû à son payement, & à la sûreté de ce qui pourra rester pour le locataire, ou autres qui se trouveront y avoir intérêt.

Les meubles que le locataire porte dans la maison sont affectés pour le payement des loyers: & les fruits des héritages pour le prix de la ferme.

Si le preneur est expulsé par une éviction, le bailleur est tenu des dommages & intérêts pour l'interruption du bail, parce qu'il doit faire cesser tout droit d'un autre sur la chose qu'il loue, de même que le vendeur sur celle qu'il vend.

Si le preneur est expulsé par le fait du Prince; par une force majeure, ou par quelqu'autre cas fortuit; ou si l'héritage périt par un débordement, par un tremblement de terre, ou autre évenement, le bailleur, qui étoit tenu de donner le fonds, ne pourra prétendre le prix du bail, & sera tenu de rendre ce qu'il en avoit, mais sans aucun autre dédommagement; car personne ne peut répondre des cas fortuits.

Si le bailleur vend une maison, ou un autre héritage qu'il avoit loüé ou baillé à ferme, le bail est rompu par ce changement de propriétaire; à moins que le vendeur n'eût obligé l'acheteur à entretenir le bail: mais si l'acheteur expulse le preneur, le bailleur est tenu des dommages & intérêts que cette interruption du bail aura pû causer.

Le légataire peut résoudre le bail de la maison qui lui est léguée, & l'héritier du défunt est tenu des dommages & intérêts envers le preneur.

Il faut observer que le fermier expulsé par le légataire, ou par l'acheteur, conserve l'hypotéque de son bail sur l'héritage vendu, ou légué; & qu'il peut exercer cette hypoteque contr'eux pour ses dommages & intérêts: & ils en seront garantis; savoir, l'acheteur par son vendeur, & le légataire par l'héritier.

Si une maison loüée devient trop incommode, quoique sans le fait d'un bailleur, comme si un voisin, élevant son bâtiment, obscurcit les jours, le bailleur est tenu des dommages & intérêts du locataire, qui peut même, si bon lui semble, interrompre le bail. Car encore que ce soit un cas fortuit, la cessation de l'usage pour lequel la maison a été loüée, doit tomber en ce cas sur le bailleur.

Si le preneur a fait des dépenses absolument nécessaires, quoiqu'il n'en fût point tenu, ni par son bail, ni par l'usage des lieux, le bailleur l'en doit rembourser.

Si celui qui loue une chose pour quelque usage, la donne telle que par quelque défaut il en arrive du dommage, il en sera tenu. Mais si les défauts des choses loüées sont un pur effet de quelque cas fortuit, que celui qui les donne à loüage, n'ait pu ni connoître, ni présumer, il ne sera pas tenu de l'évenement de ce cas fortuit, mais seulement de remettre le loyer ou le prix du bail.

Si le bailleur n'avoit qu'un usufruit, & que le bail ne soit pas borné au tems que pourra durer l'usufruit, son héritier sera tenu des dommages & intérêts de l'interruption du bail, l'usufruit fini.

Si le bailleur a usé de quelque obscurité ou de quelque ambiguité dans le bail, l'interprétation s'en fait contre lui.

Si le propriétaire d'une maison loüée se trouve en avoir besoin pour son propre usage, il peut obliger le locataire à la lui remettre dans le tems qui sera arbitré par le Juge : mais le propriétaire peut renoncer à ce droit par le bail.

Le locataire est aussi obligé de vuider la maison, si le propriétaire veut y faire des réparations. Et si c'est par nécessité, comme pour refaire ce qui menace ruine, le propriétaire ne sera tenu d'aucuns dommages & intérêts, mais seulement de décharger le locataire des loyers, & de les lui rendre s'ils étoient payés, car c'est un cas fortuit.

Mais si c'est sans nécessité, il devra les dommages & intérêts que l'interruption du bail aura pu causer. Ainsi, si le locataire avoit loüé à un plus haut prix que celui de son bail, le propriétaire en sera tenu. Que si la réparation peut se faire en peu de tems, avec peu d'incommodité du locataire & sans qu'il déloge, il doit souffrir cette légere incommodité.

LE locataire peut être expulsé par l'autorité de la Justice, s'il use mal de la maison loüée, comme s'il l'a détériorée, s'il y fait, ou souffre quelque commerce illicite.

SI le preneur qui doit le prix du bail, ou celui qui donne un ouvrage à faire ne paye le prix au terme, ils en devront les intérêts depuis la demande.

QUAND un fermier s'engage de payer le prix de sa ferme, nonobstant les cas fortuits, il ne comprend que ce qui peut arriver par l'injure des tems, à quoi on peut s'attendre, comme une gelée, une grêle, un débordement : mais son bail ne s'étend pas à ce qui arriveroit par le fait des hommes, comme une violence, un incendie, &c.

SI le tems du bail à ferme étant expiré, le bailleur laisse le preneur en joüissance, & que le preneur continue d'exploiter la ferme, elle est rénouvellée par ce consentement tacite qui s'appelle réconduction.

LA réconduction proroge le bail, ou seulement pour l'année qu'on recommence, ou même pour deux, pour le même tems du bail, ou pour un moindre ſelon les circonſtances, & l'intention des contractans. Ainſi, lorſqu'un bail eſt d'une nature qu'il y ait inégalité de revenu d'une année à l'autre ; comme ſi dans un bail à ferme de terres labourables pour pluſieurs années, il y en avoit en plus grande quantité, ou de meilleures en culture une année que l'autre, la réconduction ne pourroit être moindre que pour deux ans. Ainſi, dans les baux à loyer des maiſons, le bailleur & le preneur peuvent, quand bon leur ſemble, interrompre la réconduction, en donnant le tems reglé par la Coûtume.

LA réconduction qui renouvelle le bail, renouvelle auſſi toutes les conditions. Mais ſi dans le premier bail il y avoit des cautions, leur engagement finit avec le bail, à moins qu'ils ne veuillent le continuer.

LA réconduction éteint les hypoteques du bailleur & du preneur, à moins qu'on ne la fît pardevant Notaire, & alors ces ſecondes hypoteques n'auroient leur effet que de leur date.

LE fermier doit joüir en bon pere de famille du fonds qu'il tient à ferme ; il ne peut, pour augmenter ſa joüiſſance, rien innover qui faſſe préjudice au propriétaire, il ne peut enſemencer de terres lorſqu'elles doivent demeurer en gueret, ni ſemer du froment lorſqu'il doit ſemer de l'orge, ou de l'avoine, & que ces changemens rendroient les héritages à la fin du bail dans un mauvais état. Le fermier, ou colon doit auſſi faire les cultures en leur tems, & ſelon leur uſage.

LES fruits & revenus du fonds baillé à ferme ſont affectés pour le prix du bail, ſoit que le fermier demeure en joüiſſance, ou qu'il en ſubroge un autre, ou qu'il baille à ſous-ferme.

UN Colon ou granger à portion de fruits, ſouffre les cas fortuits : ſi un fermier qui n'a qu'un bail d'une ſeule année, ne recueille rien par un cas fortuit, ou naturel, ou par le fait des hommes, il ſera déchargé de payer le prix, ou le recouvrera s'il l'avoit payé : mais s'il étoit convenu que le cas fortuit tomberoit ſur lui, il ne laiſſera pas de devoir le prix nonobſtant ces pertes, il ne peut prétendre aucune diminution du prix pour des pertes légeres cauſées par la nature du fonds, ou par d'autres cauſes. Mais ſi la perte eſt conſidérable, quoiqu'elle ne ſoit que du total des fruits, il doit lui être fait une remiſe d'une partie du prix ſelon la prudence du Juge.

SI le bail étant de deux, ou de pluſieurs années, les bonnes années n'ont pas compenſé les mauvaiſes, le fermier pourra demander une diminution du prix de ſon bail, ſelon que la qualité de la perte pourra le demander. Mais s'il y avoit quelque convention dans le bail, ou quelque uſage des lieux qui réglât le cas des pertes, il faudroit s'y tenir.

L'EQUITE' veut que ſi la perte arrive la premiere année du bail, & qu'elle ſoit de la récolte entiere, dans l'incertitude où l'on eſt, ſi les années ſuivantes compenſeront la premiere ; le Juge accorde une ſurſéance pour le payement de cette premiere année. Il faut bien peſer alors les circonſtances de la qualité de la perte, de celle des biens du propriétaire, s'il avoit le moyen d'attendre, & de ceux du fermier s'il ne pouvoit payer.

Dans tous les cas fortuits, où le fermier souffre quelque perte qui peut donner lieu à une remise, soit du total du prix, soit d'une partie, il ne peut prétendre aucuns dommages & intérêts, ni pour le profit qu'il auroit pû faire, ni même pour la semence, ou pour la culture.

Le fermier ne peut quitter n'y interrompre l'exploitation de sa ferme; & s'il le fait, le propriétaire l'y contraindra, & aura contre lui des dommages & intérêts que l'interruption du bail pourra causer.

Celui qui baille à ferme un bien de campagne sera tenu des dommages & intérêts, & du profit qu'auroit pû faire le fermier s'il le trouble dans sa joüissance; si ce n'est qu'après un trouble de peu de jours, les choses étant encore entieres, il le rétablisse.

Si le trouble fait au fermier est une violence que le propriétaire ne puisse empêcher, & dont il ne doive pas répondre, il ne sera tenu que de remettre le prix du bail à proportion de la non-joüissance, ou de rendre ce qu'il auroit reçû : mais il ne sera pas tenu du profit qu'auroit fait le fermier s'il avoit joüi.

Le propriétaire doit fournir au fermier ce qui est réglé par l'usage pour le ménagement des héritages, ou pour la récolte des fruits, comme les granges, cuvages, pressoirs & autres choses. Le fermier doit prendre soin des meubles qui lui sont

fournis

pour l'exploitation de ſa ferme, & ſi ces choſes ſont eſtimées, par le bail à un certain prix, ce ſera une vente & toutes ces choſes ſeront propres au fermier.

CEUX qui entreprennent quelque travail ou quelque ouvrage, doivent répondre des défauts cauſés par leur ignorance.

SI l'entrepreneur eſt obligé de fournir quelque matiere, comme un architecte, il doit la donner bien conditionnée, & répondre même des défauts qu'il ignore.

SI ce qui eſt donné à un ouvrier pour y travailler périt en ſes mains, ſans ſa faute, mais par le défaut de la choſe même, il n'en ſera pas tenu, ſi ce n'eſt qu'il eût entrepris l'ouvrage à ſes périls.

LES voituriers par terre & par eau, & ceux qui entreprennent de tranſporter des marchandiſes, ou d'autres choſes, ſont tenus de la garde, voiture & tranſport des choſes dont ils ſe chargent, & d'y employer toute l'application & tout le ſoin poſſible.

S'IL eſt convenu qu'un ouvrage ſera au gré du maître, ou à l'arbitrage d'une perſonne qu'on aura nommée, l'ouvrier ne ſera tenu de le rendre bon qu'au dire d'experts.

LES Empereurs, Gratien, Valentinien & Théodoſe, avoient ordonné que les entrepreneurs des ouvrages publics, & leurs héritiers, répondroient pendant quinze années des défauts des ouvrages.

QUOIQUE l'ouvrier doive répondre des défauts

de l'ouvrage, si le maître l'a lui-même conduit & réglé, il ne pourra s'en plaindre.

Si l'ouvrage d'un entrepreneur périt, par un cas fortuit, avant qu'il soit vérifié qu'il est de la qualité dont il doit être, la perte tombe sur le maître; sur-tout s'il est en demeure de vérifier si ce n'est qu'il eût paru que l'ouvrage n'eût pas été tel qu'il auroit dû être.

Si l'édifice périt, par cas fortuit, pendant qu'on bâtit, toute la perte tombe sur le maître, & il ne laissera pas de devoir, & les matériaux fournis par l'entrepreneur, & ce qui se trouvera dû de l'édifice. Car la délivrance lui étoit faite de tout ce qui étoit bâti sur son fonds : mais si le bâtiment périt par défaut de l'ouvrage, l'architecte perdra son travail, avec ce qui sera péri des matériaux; & il sera de plus tenu du dommage, que le maître en pourra souffrir.

Si l'ouvrier devoit fournir toute la matiere, & tout l'ouvrage, & que la chose périsse par un cas fortuit, avant que l'ouvrage ait été reçû, toute la perte de la matiere & de la façon sera pour l'ouvrier; car c'est une vente qui n'est accomplie que lorsque l'ouvrier délivre l'ouvrage.

Les accessoires des ouvrages entrent dans les engagemens des entrepreneurs, quoiqu'ils ne soient pas compris expressément dans le marché; ainsi, les maîtres des coches, & les rouliers, payent les péages & les bacs qui sont sur leurs routes: mais ils ne payent pas les droits d'entrée, parce que les premiers frais regardent la voiture, & les autres regardent la marchandise.

S'IL étoit convenu que le prix de l'ouvrage, ou une partie sera payée par avance, & qu'il y eût du péril d'avancer, le bailleur ne pourra y être contraint si l'entrepreneur ne donne une sûreté.

S'IL n'a pas tenu à l'ouvrier, ou mercenaire de faire l'ouvrage dans le tems réglé par la convention, & qu'il soit jugé par des experts que le tems donné ne suffisoit pas, le bailleur doit donner le tems nécessaire, & ne peut prétendre aucuns dommages & intérêts pour le rétardement, quand même ils auroient été stipulés : mais si l'ouvrage étoit promis à un jour précis, & pour un ouvrage qui ne pût souffrir de retardement, comme pour débiter à un jour de foire, ou pour le jour d'un embarquement, l'entrepreneur seroit tenu dans ce cas des dommages & intérêts du retardement. Celui qui engage un mercenaire, & qui lui fait perdre son tems, & ne l'employe point, est obligé de payer son salaire, s'il n'a pas tenu au mercenaire de faire le travail.

SI le bailleur differe de recevoir l'ouvrage, ou s'il le refuse sans juste sujet, & que la chose périsse après son retardement, il ne laissera pas d'être tenu de payer le prix de l'ouvrage.

L'EMPHYTEOSE, ou bail emphytéotique, est un contrat par lequel le maître d'un héritage, le donne à l'emphytéote pour le cultiver, & améliorer, & pour en joüir & disposer à perpetuité, moyennant une certaine rente, en deniers, grains, & autres especes, & les autres charges dont on peut convenir.

On donne par ce bail des héritages fertiles, ou infertiles, des fonds qui ne produisent aucuns fruits de leur nature comme des maisons, &c.

Il y a des baux emphytéotiques qui ne sont pas perpétuels: mais seulement à longues années, comme pour cent ans, ou quatre vingt dix-neuf ans.

La perpétuité de l'emphytéose, fait qu'elle passe non seulement à l'héritier de l'emphytéote, mais à tous ceux qui en ont le droit, soit par donation, ou par vente.

Les droits de propriété que retient le maître, s'appellent propriété directe, ceux qui passent à l'emphytéote s'appellent propriété utile.

L'emphyteote de sa part est obligé au payement de la rente perpétuelle, & aux autres conditions réglées par le titre de l'emphytéose, comme sont le droit de lods que payent ceux qui acquiérent de l'emphytéote, & celui qui baille à l'emphytéote est obligé de sa part à la garantie du fond, à le reprendre, & à le décharger de la rente, si, la trouvant trop rude, il veut déguerpir.

Tous les cas fortuits qui ne font périr que les revenus, ou les améliorations de plans, bâtimens & autres, sont aux périls de l'emphytéote. Et les cas fortuits qui font périr le fonds, regardent le maître qui en souffre la perte.

Si un débordement a entraîné la moitié du fonds, ou plus, ou moins de l'héritage, ce qui reste doit toûjours la rente entiere: mais l'emphytéote a la liberté de déguerpir.

L'EMPHYTEOTE ne peut y détériorer le fonds, ni même ôter les améliorations qu'il y a faites. Et s'il détériore, le maître du fond pourra faire résoudre l'emphytéose, rentrer dans son héritage, & faire rétablir ce qui a été détérioré : mais l'emphytéote peut faire des changemens utiles & en bon pere de famille.

L'EMPHYTEOTE faute de payement de la rente peut être expulsé, quand même il n'y auroit point de clause résolutoire dans le contrat, s'il ne satisfait après le délai qui lui sera accordé par le Juge, & les dépenses qu'il a faites pour des améliorations, dans le cas de l'expulsion, ne lui seront pas remboursées : mais il est de la prudence du Juge de lui accorder un délai convenable selon la qualité des améliorations, & les autres circonstances.

TITRE V.

Du prêt à usage, & du précaire.

LE prêt à usage, est une convention par laquelle l'un donne une chose à l'autre pour s'en servir à un certain usage, & pendant son besoin sans payer aucun prix.

LE précaire est un prêt à usage accordé à la priere de celui qui emprunte une chose pour en user pendant le tems que celui qui l'a prêtée voudra la laisser ; & à la charge de la rendre quand il plaira au maître de la retirer.

L'OBLIGATION dans le prêt à uſage ne ſe contracte que par la délivrance de la choſe prêtée.

IL eſt de la nature de ce contrat, que celui qui emprunte rende la même choſe qu'il a empruntée, & non une autre de la même eſpece. C'eſt pourquoi on ne peut prêter à uſage les choſes qui ſe conſument, & qu'on ceſſe d'avoir quand on en uſe, comme l'argent, & les denrées. Mais on peut prêter à uſage de l'argent, par exemple, pour une autre fin que pour le conſumer, comme pour faire des offres, à la charge de le retirer & rendre les mêmes eſpeces. L'on peut prêter par ce contrat des immeubles & des choſes mobiliaires.

LE poſſeſſeur de bonne foi, & même celui qui eſt de mauvaiſe foi peuvent prêter ce qui n'eſt pas à eux.

C'EST à celui qui prête une choſe à régler de quelle maniere, & pendant quel tems celui qui l'emprunte pourra s'en ſervir.

SI l'uſage qui doit être fait de la choſe empruntée, n'eſt pas réglée par la convention : il eſt borné au ſervice naturel, & ordinaire qu'on en peut tirer. Ainſi, celui qui prête un cheval eſt préſumé le donner pour quelque voyage, & non pour la guerre.

S'IL a été convenu que la choſe prêtée ſera rendue en un certain tems, en un certain lieu ; & que celui qui l'a empruntée, n'y ait point ſatisfait, il ſera tenu des dommages & intérêts qu'il a pû cauſer ſelon les circonſtances.

LE prêt à usage peut être fait, ou pour le seul intérêt de celui qui emprunte, ou pour l'intérêt seulement de celui qui prête, ou pour l'intérêt des deux.

LE précaire finit par la mort de celui qui a prêté, & non le prêt à usage.

LES engagemens qui se forment par le prêt à usage passent aux héritiers de celui qui prête, & de celui qui emprunte.

CELUI qui a emprunté une chose pour son propre usage est obligé d'en prendre tout le soin qu'en prendroit le pere de famille le plus soigneux.

DANS le Droit Romain, celui qui tient précairement la chose d'un autre, ne répond que du dol, & des fautes très-grossieres.

SI celui qui emprunte, n'a usé de la chose empruntée que pendant le tems, & pour l'usage pour lequel elle a été prêtée, & qu'elle périsse, ou qu'elle soit endommagée sans sa faute, par le pur effet d'un cas fortuit, & par la nature de la chose, il n'en sera pas tenu.

SI la chose périt par un cas fortuit, dont celui qui l'avoit empruntée pouvoit la garantir, y employant la sienne, il en sera tenu.

CELUI qui emprunte peut se charger des cas fortuits; s'il est fait une estimation de la chose prêtée entre celui qui prête, & celui qui emprunte, pour régler ce que rendra celui qui emprunte, s'il ne rend la chose, il sera tenu de cette valeur, quand même la chose périroit par un cas fortuit.

Si celui qui emprunte emploie la chose prêtée à un autre usage que celui qui avoit été convenu avec le prêteur, il commet une espece de larcin; il sera tenu des cas fortuits, & des dommages & intérêts qui en pourroient arriver.

Celui qui emprunte une chose ne peut la retenir en compensation de ce que peut lui devoir celui qui l'a prêtée. Si pour user de la chose empruntée, on est obligé à quelque dépense, celui qui l'emprunte en sera tenu.

Dans le précaire celui qui a prêté peut retirer la chose avant l'usage fini: il doit donner pourtant le délai que demande la raison selon les circonstances.

Si la chose prêtée a quelque défaut qui puisse nuire à celui qui l'emprunte, & que ce défaut ait été connu à celui qui prête, il sera tenu du dommage qui en sera arrivé.

Les dépenses nécessaires pour user de la chose empruntée sont dûes par celui qui emprunte, comme la nourriture, & le ferrage d'un cheval prêté: mais s'il survient d'autres dépenses, comme pour faire panser le cheval d'un mal arrivé sans la faute de celui qui emprunte, celui qui a prêté sera tenu de ces sortes de dépenses, si ce n'est qu'elles fussent fort légeres.

TITRE VI.

Du Prêt, & de l'Usure.

L'USURE qui étoit permise dans le Droit Romain est défendue par nos Ordonnances; la premiere fois sous peine de l'amende honorable, & du bannissement : la seconde fois sous peine de mort.

Le prêt est une convention par laquelle l'un donne à l'autre une certaine quantité de ces sortes de choses qui se donnent au nombre, au poids, & à la mesure, à condition que celui qui emprunte rendra, non la même chose : mais autant de la même espece, & de la même qualité.

Dans le prêt il se fait une aliénation de la chose prêtée; & celui qui l'emprunte en devient propriétaire.

Celui qui prête s'appelle créancier, ayant créance sur la foi de celui à qui il prête : & celui qui emprunte s'appelle débiteur. Mais on peut être créancier & débiteur par d'autres causes que par le prêt.

On peut donner à titre de prêt toutes les choses qui sont telles qu'on puisse en rendre de semblables en même quantité, & de pareille qualité, comme de l'or, de l'argent en masse, des soies, des laines, du cuir, de la chaux : mais on ne donne pas à titre de prêt des animaux, parce qu'un individu rendu pour un autre pourroit n'être pas de même valeur, quoiqu'il fût de même espéce.

L'OBLIGATION dans le contrat de prêt ne se forme que par la délivrance de la chose pour laquelle on s'oblige.

QUAND on vient en compte de sommes, ou autres choses fournies de part & d'autre, quand on termine des différends par des transactions, ou autres cas semblables; celui qui doit par l'arrêté de compte, ne payant pas comptant, s'oblige pour prêt, parce qu'il devient débiteur de la même maniere que s'il empruntoit la chose qu'il devoit donner.

LE créancier peut stipuler du débiteur moins qu'il n'a prêté; mais non davantage: & si l'obligation paroissoit être d'une plus grande somme que celle qui auroit été prêtée, elle seroit nulle, comme étant sans cause.

DANS le prêt d'argent, le débiteur est obligé de rendre les especes suivant la valeur qu'elles ont quand il les emprunte, quelque augmentation & quelque diminution qui arrive ensuite.

DANS le prêt de bled, de vin, &c. dont le prix augmente, ou diminue, le débiteur doit la même quantité qu'il a empruntée, ni plus ni moins, soit que le prix en soit augmenté, ou diminué; si ce n'est qu'il parût que le créancier eût fait un prêt usuraire comme font ceux qui au tems de la moisson prêtent leur bled, qui est à vil prix, pour en ravoir autant dans une autre saison où il sera plus cher.

Si une perſonne donne de la vaiſſelle d'argent à une autre, & conſent qu'il la vende afin qu'il en garde le prix à titre de prêt ; ſi la choſe périt, par un cas fortuit, entre les mains de celui qui emprunte, la perte retombe ſur lui. Mais ſi le maître, ayant le deſſein de la vendre, l'avoit donné à vendre, ajoûtant en faveur de celui qui s'en chargeoit, la liberté d'en garder le prix comme un prêt, & que la choſe périſſe avant la vente, par un cas fortuit, la perte tombera ſur le maître.

Si celui qui emprunte l'argent pour acheter, ou pour l'employer à quelqu'autre affaire, le prend cependant en dépôt, à condition que le prêt n'aura lieu que lors de l'emploi, & que l'argent ſe perde par un cas fortuit, le dépoſitaire en ſera tenu, comme ſi le prêt étoit conſommé.

Si celui qui prête n'eſt pas le maître de la choſe prêtée, il n'en transfere pas la propriété à celui qui emprunte ; & ſi celui qui en eſt le maître la trouvant en nature, la revendique, & prouve ſon droit ; celui qui avoit emprunté aura ſon recours, ſes dommages & intérêts contre celui qui avoit prêté.

Celui qui prête ne doit rien exiger, ſoit en valeur, ſoit en quantité au-delà de ce qu'il a prêté.

Si le débiteur d'une ſomme, ou autre choſe, conteſte avec quelque ſujet une partie de la dette, & offre le ſurplus ; le juge peut obliger le créancier à recevoir ce qui n'eſt pas en conteſtation.

Celui qui emprunte eſt obligé de rendre la

même ſomme, ou la même quantité qu'il a emruntée, & de la rendre au terme dont on eſt convenu.

Si celui qui a emprunté de l'argent eſt en demeure de payer après le terme, il en devra les intérêts depuis la demande en Juſtice, pour dédommager le créancier de ce retardement.

Si celui qui a emprunté d'autres choſes que de l'argent, ne les rend pas au terme, ou ne les rend pas telle qu'il les doit, il en payera l'eſtimation.

L'estimation d'une choſe empruntée, que le débiteur eſt en demeure de rendre, ſe fait au prix du tems, & du lieu où elle devoit être rendue, parce qu'elle étoit dûe alors, & en ce lieu; & ſi le tems & le lieu n'étoient pas réglés, l'eſtimation s'en fera au prix du tems & du lieu où la demande eſt formée, ſi ce n'eſt que par l'intention des contractans qui ſe préſumeroit, l'on fit l'eſtimation ſur un autre pié.

Le débiteur à cauſe de prêt, ne peut jamais devoir les intérêts des intérêts dont il eſt en demeure de faire le payement.

Par le Sénatuſconſulte Macédonien, les obligations de prêt, avec fils de famille étoient annullées indiſtinctement. Mais dans notre uſage l'on n'annulle que celles où le prêt eſt une occaſion de débauche. Il eſt de la prudence du Juge d'en faire le diſcernement ſelon les circonſtances. L'on ne parle pas des fils de famille mineurs, car leur minorité ſuffit pour annuller leurs obligations.

CEUX qui prêtent au fils de famille ſans une juſte cauſe, ne peuvent répéter ce qu'ils ont prêté : il en eſt de même ſi au lieu d'un prêt d'argent, l'on avoit déguiſé l'obligation ſous l'apparence d'un autre contrat.

L'OBLIGATION du fils de famille qui ſe trouve ſujette, à être annullée par le vice du motif du prêt, ne ſera pas validée par la mort du pere ; car elle étoit vicieuſe dans ſon origine.

LE prêt au fils de famille qui n'eſt pas émancipé, n'eſt pas défendu. Il en ſeroit de même ſi celui qui n'eſt pas émancipé agiſſoit de ſorte qu'il parût publiquement pere de famille.

SI le pere a approuvé, ou ratifié l'obligation, s'il en paye une partie, ou ſi le fils l'acquite lui-même, l'obligation ou le payement ne pourront plus être révoqués.

TITRE VII.

Du Dépôt, & du Séqueſtre.

LE dépôt eſt une convention par laquelle une perſonne donne à une autre quelque choſe en garde, pour la lui rendre quand il lui plaira de la retirer.

LE dépôt doit être gratuit, car autrement ce ſeroit un loüage. Quoique le dépôt ne ſoit proprement que des meubles, on peut donner en garde des immeubles comme une maiſon, ou un autre fonds, & les fruits qui en proviendront.

ON peut dépoſer ce qui eſt à d'autres perſonnes, ſoit qu'on l'ait en ſa puiſſance de bonne foi, comme un procureur conſtitué, ou qu'on le poſſede de mauvaiſe foi. Ainſi les voleurs même peuvent dépoſer ce qu'ils ont dérobés, car il eſt juſte qu'il ſoit conſervé pour être remis au maître.

LE dépôt de ce qui eſt à un autre, défend au dépoſitaire de le rendre à celui qui l'a dépoſé, ſi le maître ſe fait connoître à qui l'on eſt tenu de rendre le dépôt. Que s'il y a du doute dans le droit de celui qui ſe dit le maître, ou que ce droit lui ſoit conteſté par celui qui a dépoſé, le dépoſitaire devient alors comme un gardien de Juſtice, & comme un ſéqueſtre, & il doit attendre que la conteſtation ait été réglée, pour rendre la choſe à celui qui en ſera reconnu le maître.

QUOIQU'IL y ait un tems réglé par le dépôt ; le maître peut le retirer quand il veut, pourvû que ce ne ſoit pas dans un contre-tems, où le dépoſitaire ne puiſſe le rendre par quelque obſtacle qui ne lui doive pas être imputé.

SI la choſe dépoſée produit quelque fruits ; ce qui en ſera provenu entrera dans le dépôt, & le dépoſitaire en ſera chargé.

SI l'on dépoſe de l'argent, ou quelqu'autre choſe, laiſſant au dépoſitaire la liberté de s'en ſervir, s'il s'en ſert, ſon engagement change de nature ; il ſera tenu des regles du prêt à uſage, ou du prêt ſelon la nature des choſes qu'on lui a dépoſées.

SI la choſe dépoſée appartient à pluſieurs perſonnes, le dépoſitaire ne doit la rendre qu'à tous enſemble, ſi elle ne peut ſe diviſer, ou à chacun ſa portion ſi elle eſt diviſible, & que tous conviennent de leurs portions ; & ſi le dépôt étoit cacheté, il ne ſera ouvert qu'en préſence de tous enſemble pour leur être remis. Que s'il y avoit des abſens, ou des conteſtations entre les préſens, le dépoſitaire ne rendra le dépôt, qu'en prenant ſa ſûreté pour ſa décharge à l'égard de tous : ou la demandant en Juſtice, & conſignant le dépôt dans les formes, pour être enſuite pourvû par le Juge à l'ouverture, & au partage du dépôt avec les ſûretés pour ceux qui ſeroient abſens.

SI dans le cas d'un dépôt appartenant à pluſieurs héritiers, un d'entr'eux ayant retiré ſa portion, le dépoſitaire devient inſolvable, cet héritier ne ſera pas tenu de la rapporter à ſes cohéritiers.

Si deux ou plusieurs personnes se sont rendu dépositaires d'une même chose, chacun d'eux sera tenu de rendre le tout, car on ne rend pas le dépôt si on ne le rend tout entier; & ils répondront l'un pour l'autre même dans leur dol, sans que la demande contre un seul ôte le droit d'agir ensuite contre les autres, jusques à ce que le tout soit restitué.

On peut déposer des choses qu'on ne montre pas au dépositaire, comme si on lui donne à garder une cassette fermée à clef; & en ce cas, il n'est tenu que de rendre la cassette dans le même état sans répondre des choses que celui qui dépose pourroit prétendre y avoir mises. Mais si on a montré au dépositaire le détail de ce qui est déposé, il doit répondre de chacune des choses dont il s'est chargé.

Si pour rendre la chose qui est en dépôt, il faut des voitures pour le transport, le dépositaire n'en est pas tenu, & s'il a fait des frais pour cela, il en doit être remboursé, tout comme des dépenses pour la garder ou pour la conserver.

Si le dépositaire veut rendre la chose déposée ou s'en décharger avant le tems réglé, ou après, celui qui a déposé sera tenu de reprendre la chose, pourvû que ce ne soit pas dans un contre-tems qui lui nuiroit beaucoup sans préjudicier au dépositaire, car dans ce cas le Juge doit régler un tems pour décharger le dépositaire.

Le dépositaire est tenu d'avoir le même soin pour les choses déposées, qu'il a pour les siennes. Ainsi

Ainsi il est responsable du dol de sa mauvaise foi, d'une négligence inéxcusable, il ne doit pas manquer aux précautions où nul autre ne manqueroit; comme de mettre de l'argent en lieu de sûreté.

Si le dépositaire est un mineur, ou un prodigue, ou un homme sans expérience dans ses propres affaires; si le dépôt périt par quelque faute d'un tel dépositaire, celui qui a fait un si mauvais choix doit se l'imputer.

Si la chose déposée vient à se perdre, ou à périr, soit par sa nature, ou par cas fortuit, sans qu'on puisse l'imputer au dépositaire, il sera déchargé en rendant du dépôt ce qui en pourra rester.

Si par une convention on a réglé le soin qu'en doit avoir le dépositaire, cette convention servira de loi.

Si le dépositaire n'étant pas prié s'est ingéré lui-même à se charger du dépôt, il sera tenu non seulement du dol, & des fautes grossieres, mais des autres fautes; & il ne sera pas tenu du cas fortuit.

Si le dépositaire ayant vendu, ou autrement aliéné la chose déposée, la rachette; il sera tenu dans la suite non seulement du dol, & des fautes grossieres; mais des moindres fautes, en punition de sa premiere mauvaise foi.

Si le dépositaire est en demeure de rendre le dépôt qu'on lui a demandé, son retardement le rendra responsable des cas fortuits qui pourroient arriver depuis la demande.

S'il est convenu que le dépôt sera rendu en l'un de

plusieurs endroits, le dépositaire aura le choix du lieu.

L'HERITIER du dépositaire est tenu du fait du défunt, même de son dol.

SI après la mort du dépositaire, son héritier ignorant le dépôt, vend la chose déposée qu'il croit être de la succession, cet événement sera comme un cas fortuit qui déchargera l'héritier de la restitution du dépôt, en rendant le prix de la vente qui en auroit été faite, le propriétaire conservant toûjours son droit de revendiquer la chose entre les mains de celui qui en seroit saisi. Il faut supposer que la méprise de l'héritier ne soit point arrivée par la négligence du défunt, car autrement l'héritier seroit tenu de cette négligence.

LE dépositaire ne peut retenir la chose déposée par compensation de ce que pourroit lui devoir celui qui l'a mise en dépôt, quand ce seroit même un autre dépôt. Mais chaque dépositaire seroit obligé de rendre le sien.

LE séquestre conventionel est un tiers choisi par deux ou plusieurs personnes, pour garder en dépôt un meuble, ou un immeuble, dont la propriété ou possession est contestée entr'eux; & pour le rendre à celui qui en sera reconnu le maître : ainsi chacun d'eux est considéré comme déposant sur la chose entiere.

CHACUN de ceux qui ont établi un séquestre peut l'obliger à sa fonction.

ON donne un salaire au séquestre, outre les dépenses pour le tems & la peine qu'il emploie à sa commiſſion, ce qui le diſtingue du dépôt qui doit être gratuit, le ſéqueſtre eſt obligé au même ſoin que celui qui entreprend un ouvrage à faire.

PENDANT qu'une choſe eſt en dépôt, le maître en conſerve la poſſeſſion, & le dépoſitaire poſſede pour lui. Mais dans le ſéqueſtre la poſſeſſion du vrai maître demeure en ſuſpens, & après la conteſtation finie cette poſſeſſion ſera conſidérée à l'égard du maître comme s'il avoit toûjours poſſédé lui-même, & elle lui ſera comptée pour acquérir la preſcription.

APRES la conteſtation finie, le ſequeſtre eſt obligé de rendre compte à celui qui eſt reconnu le maître, & de lui reſtituer la choſe ſéqueſtrée & les fruits, ſi elle en produit, étant payé de ſes ſalaires, & de ſes dépenſes.

» Na. IL eſt de l'intérêt public que l'infidélité des « dépoſitaires ſoit punie. Dans le Droit Romain « elle l'étoit de la peine du double. »

SI le ſéqueſtre veut être déchargé, & que ceux qui l'avoient nommé, ou quelqu'un d'eux n'y conſente pas, il doit ſe pourvoir en juſtice, & les appeller tous pour en nommer un autre.

ON peut appliquer au ſéqueſtre les regles du dépôt qui peuvent s'y rapporter.

LE dépôt néceſſaire eſt celui des choſes qu'on ſauve d'un incendie, d'une ruine, d'un naufrage, d'une aggreſſion de voleurs, d'une ſédition, ou autre occaſion ſubite, & fortuite qui oblige à mettre ce qu'on peut garantir entre les mains de ceux qui s'y rencontrent, soit voisins, ou autres.

Ce dépôt, quoique nécessaire, ne laisse pas d'être volontaire & conventionel, parce que la délivrance du dépôt tient lieu d'une convention tacite.

Nous admettons la preuve par témoins pour ces sortes de conventions, quoiqu'elles excedent cent livres.

TITRE VIII.

De la Société.

La société est une convention entre deux, ou plusieurs personnes, par laquelle ils mettent en commun entr'eux, ou tous leurs biens ou une partie, ou quelque commerce, ou quelque ouvrage, ou quelqu'autre affaire pour partager tout ce qu'ils auront de gain, ou souffrir de perte sur ce qu'ils auront mis en société.

Les choses, affaires communes entre associés sont à chacun d'eux pour la portion réglée par leur convention.

Les suites de la société, comme sont les contributions, les gains, les pertes regardent chacun des associés à proportion de leur part au fonds, ou selon qu'il a été convenu entr'eux; & si la convention ne regle pas les portions, elles seront égales, supposé que les conditions des associés ne soient pas distinguées.

Si l'on n'a exprimé que les portions du gain, celles de la perte seront sur le même pié ; & si sans parler des gains & des pertes, on a assez exprimé, ce que chacun a mis dans le fonds ; les portions de gain & de perte seront les mêmes que celles du fonds.

COMME les associés peuvent contribuer différemment, ou par leur industrie, ou par leur crédit, ou par leur argent, il leur est libre de régler inégalement leurs portions, selon la différence de leurs contributions.

L'ON peut convenir avec justice que l'un contribuera son industrie, & l'autre tout le fonds, & que néanmoins le profit sera égal ; parce que l'industrie de l'un, vaut l'argent de l'autre.

A cause de l'inégalité des contributions, l'un entrera dans la societé pour deux tiers de gain & un tiers de perte, & l'autre pour un tiers de gain & deux tiers de perte, ce qui s'entend de sorte qu'on n'estimera gain que ce qui restera, les pertes déduites, de toutes les affaires de la société.

A cause de la grande contribution d'un associé, on peut lui donner une part au gain en le déchargeant de toute perte.

TOUTE société où il y auroit quelque condition qui blesseroit l'équité, & à la bonne foi seroit illicite ; comme s'il étoit convenu que toute la perte seroit d'une part sans aucun profit, & tout le profit de l'autre sans aucune perte.

ON ne peut faire société que d'un commerce,

ou autre chose honnête, & licite.

La société ne peut se contracter, que par le consentement de tous les associés qui doivent se choisir & s'agréer réciproquement pour former entr'eux une espece de fraternité; ainsi, ce n'est pas assez pour faire une société que deux ou plusieurs personnes ayent quelque chose de commun comme des cohéritiers, ou des collégataires : il faut outre cela un choix réciproque des personnes. C'est par cette raison que les héritiers des associés ne succedent pas à cette qualité, & s'il avoit été convenu entre des associés que la société seroit continuée entre leurs héritiers, cette convention renfermeroit la condition que les héritiers seroient agréés, & qu'eux aussi agréeroient les autres.

Si l'un des associés associe une autre personne, ce tiers ne sera point associé des autres; mais seulement de celui qui l'a associé.

Comme le consentement peut se donner par écrit, ou sans écrit, & même entre absens par lettres, par procureurs; la sûreté peut se former par toutes ces voies, & même par un consentement tacite, & par des actes qui en fassent preuve; comme si on négocie en commun, & si on partage les gains, & les pertes.

Si deux, ou plusieurs personnes, voulant acheter une même chose, conviennent, pour ne pas enchérir les uns sur les autres, de l'acheter tous ensemble, ou par l'un d'eux, ou par une personne tierce, cette convention leur rend la chose commune; mais ne les met pas en société, car ils ne ſont pas liés par le choix des perſonnes, mais ſeulement par la choſe qu'ils ont en commun.

ON peut en une ſociété comme en toute autre convention faire toutes ſortes de pactes licites.

ON peut ajoûter au contrat de la ſociété des clauſes pénales contre celui qui contreviendra à ce qui a été convenu : *mais dans notre uſage* ces ſortes de peines ne ſont que comminatoires, & le Juge les proportionne au dommage qui a été cauſé.

SI une ſociété n'étoit contractée que pour colorer une donation de l'un des contractans envers l'autre, de ſorte que les profits ne regardaſſent que l'un des aſſociés ; ce ne ſeroit pas une ſociété, puiſqu'il n'y auroit qu'un ſeul qui en profitât : & ſi un tel contrat ſe paſſoit au profit d'une perſonne, à qui l'autre ne peut donner, ce ſeroit un contrat nul & prohibé, comme fait en fraude de la loi.

UNE ſociété de profits ne comprend pas les legs, donations & ſucceſſions, ni les dettes, excepté les dettes qui proviennent des affaires de la ſociété qui regardent l'un des aſſociés. Mais la ſociété univerſelle de tous les biens n'exclut rien.

DANS une ſociété univerſelle l'on rapporte à la ſociété juſqu'à un dédommagement qu'on aura fait à l'un des aſſociés pour une injure qu'il aura reçûe, quant même le dédommagement ſeroit pour une injure qu'auroit reçû ſon fils ou quelqu'autre perſonne.

QUE ſi au contraire un des aſſociés eſt condamné ſur une accuſation qu'il ait attirée, il portera ſeul toute la peine : mais s'il eſt injuſtement condamné, l'injuſtice doit tomber ſur toute la ſociété: il faut faire le même Jugement dans les affaires civiles.

Les gains illicites n'entrent pas dans la ſociété, & celui qui les fait doit demeurer ſeul chargé de rendre ce qu'il a mal acquis; que ſi les autres aſſociés y prennent quelque part ils ſe rendront ſes complices.

S'il y a de l'obſcurité dans les contrats, pour ſavoir ce qui y entre, l'interprétation s'en fera par la maniere dont les aſſociés auront exécuté leur convention, & par les circonſtances qui pourront marquer leur intention.

Les dettes paſſives, & autres charges de la ſociété, s'acquittent du fonds commun, & chaque aſſocié en doit ſa part, à proportion de celle qu'il a dans la ſociété.

Dans une ſociété de tous biens, de toutes dépenſes, de tous profits, chaque aſſocié ne doit prendre pour ſes dépenſes particulieres ſur le fonds commun, que celles de ſon entretien & de ſa famille; il ne pourroit pas du fonds commun dotter ſa fille, parce que la dot eſt un capital que l'aſſocié doit prendre ſur ſa portion, à moins que la convention, ou quelque uſage ne le réglât autrement.

Les dépenſes du jeu & de bouche, & autres illicites, ne peuvent ſe prendre ſur le fonds commun.

LES associés se doivent les uns aux autres dans les affaires de société une fidélité extrême, & ils sont obligés d'avoir la même vigilance pour les affaires de la société, que pour les leurs propres; ils sont responsables de tout dol, & de toute faute grossiere: & si un associé ayant le même soin des affaires de la société que des siennes propres, tombe dans quelque faute légere sans mauvaise foi, il n'en est pas tenu.

LES associés ne sont jamais tenus d'aucun cas fortuit, s'ils n'y ont donné lieu par quelque faute dont ils doivent répondre.

SI un des associés s'approprie, ou recelle ce qui est en commun, ou s'il le tourne à son usage contre l'intention de ses associés, il commet un larcin, & il sera tenu des dommages & intérêts; & si ayant en main des deniers de la société, il les emploie à ses affaires particulieres, il en devra les intérêts par forme de dédommagement, & de peine de son infidélité.

SI un associé se trouve avoir une chose de la société sans mauvaise foi, l'on ne présumera point contre lui.

SI le même associé qui a causé quelque dommage dont il doive répondre, a d'ailleurs apporté à la société quelque profit, il ne s'en fera pas une compensation, car il devoit procurer ce profit, il ne peut donc pas être compensé.

L'ASSOCIE' est tenu du fait de celui qu'il a sous-associé.

SI ce sous-associé a causé de la perte d'une part,

& du profit de l'autre, il ne s'en fera pas de compensation ; parce que le fait de ce sous-associé est le fait de l'associé même.

Les associés recouvrent sur le fonds commun, toutes les dépenses nécessaires, utiles & raisonnables qui regardent la société ; & si l'associé qui a fait ces dépenses, en avoit emprunté les deniers à intérêts, ou que les ayant fourni lui-même, son remboursement fût retardé par les autres associés, il recouvrera aussi les intérêts depuis le tems qu'il aura fait l'avance, quoiqu'il n'y en ait pas de demande en Justice.

Si un associé souffre quelque perte particuliere en faisant l'affaire de la société, il sera dédommagé de ces sortes de pertes, pourvû que ce soit l'affaire qui ait procuré cette perte, sans que rien de sa part y ait donné lieu.

Les gains, & les pertes particulieres qu'un des associés fera à l'occasion de la société, comme par un cas fortuit, regarderont uniquement cet associé.

Quand on veut juger si l'argent, ou autre chose, qui vient à périr entre des associés, doit être imputé sur le fond commun, il faut discerner si la société est déja formée, quelle a été la destination de l'argent, ou autre chose qui a péri, quelles démarches on a faites, & les autres circonstances par où l'on peut juger si la chose qui a péri a dû être considerée, ou comme étant déja dans la société, ou comme étant encore à celui qui devoit l'y mettre.

Si un des aſſociés a fait quelque avance, ou eſt entré dans quelque engagement dont la ſociété doive le garantir, chacun des aſſociés le rembourſera, ou l'indemniſera ſelon ſa portion. Et s'il ne pouvoit recouvrer celle de l'un des aſſociés qui ſeroit inſolvable, ou que par d'autres cauſes on ne pût en retirer le payement, cette portion ſe prendra ſur tous, celui qui doit être dédommagé ſouffrant ſa part de cette perte.

Les aſſociés même de tous leurs biens ne peuvent aliéner que leur portion du fonds commun, & ne peuvent par leur fait engager la ſociété, que ſelon le pouvoir qu'elle leur en donne, ou ſelon que l'engagement où ils ſont entrés a été utile, ou approuvé des autres.

Les aſſociés ne peuvent tirer du fonds de la ſociété ce qu'ils y ont mis, parce que le total du fonds eſt à la ſociété, & ne peut être, ni diverti, ni diminué que du conſentement de tous pendant qu'elle dure.

Si un aſſocié étoit redevable envers ſes aſſociés ſans qu'on pût lui imputer ni malverſations, ni mauvaiſe foi, & qu'il ne pût pas payer tout ce qu'il doit ſans être réduit à une extrême néceſſité : les aſſociés doivent ſe rendre faciles, ſoit en diviſant les payemens, en accordant des ſurſéances, & autres graces, & les contraintes qu'ils exercent au-delà de ces tempéramens peuvent être modérées par l'office du Juge.

Ce bénéfice ne s'étend pas aux cautions, ni aux héritiers des aſſociés.

UN aſſocié ne peut rien faire de nouveau dans la ſociété contre le gré des autres. Mais ſi le changement qu'à fait un des aſſociés, a été fait à la vûe des autres, & qu'ils l'ayent ſouffert, ils ne pourront s'en plaindre quand même il leur ſeroit déſavantageux.

COMME la ſociété ſe forme par le conſentement, elle ſe réſout auſſi de même, quand ce ſeroit avant la fin du tems qu'elle devoit durer.

IL eſt libre à chacun des aſſociés de ſortir de la ſociété quand bon lui ſemble, ſans le conſentement des autres, pourvû que ce ne ſoit pas de mauvaiſe foi qu'il y renonce.

L'ASSOCIE' qui ſe retire de la ſociété par un deſſein de mauvaiſe foi dégage les autres à ſon égard ; mais ne ſe dégage pas lui-même des autres. Ainſi celui qui renonceroit à une ſociété univerſelle de tous biens préſens & avenir pour recueillir ſeul une ſucceſſion qui lui ſeroit échûe, porteroit la perte entiere, ſi la ſucceſſion qu'il avoit recueillie ſe trouvoit onéreuſe : mais il ne priveroit pas les autres du profit, s'il y en avoit, & qu'ils vouluſſent y prendre part.

L'ASSOCIE' qui renonce à la ſociété dans un contre-tems, non ſeulement ne ſe dégage pas envers les autres : mais il eſt tenu des dommages & intérêts que cette renonciation aura pû cauſer

LA renonciation eſt inutile ſi elle n'eſt connue des autres aſſociés : mais elle nuit à celui qui l'a faite ; car juſques à ce qu'elle ſoit connue, il porte sa part des pertes, & ne partage point les gains, & il est obligé de rapporter à la société tous les profits qu'il fait.

LE tems de la société étant fini, chaque associé peut s'en retirer, sans qu'on puisse lui imputer qu'il quitte frauduleusement, si ce n'est que sa rupture nuisît à quelque affaire qui ne seroit pas encore consommée.

LA société peut se dissoudre tacitement comme si chacun d'eux fait séparement les mêmes commerces qu'ils faisoient ensemble, si le commerce qu'ils faisoient vient à être défendu; s'ils entrent dans un procès avec lequel la société ne puisse subsister.

SI la société n'étoit que pour une certaine affaire, elle finit lorsque cette affaire cesse, & il en seroit de même si la société regardoit une chose qui vint à périr, & dont le commerce cessât d'être libre.

SI un associé est réduit d'un tel état qu'il ne puisse contribuer dans la société ce qu'il devoit fournir, comme si ses biens sont saisis, s'il les a abandonnés à ses créanciers : s'il se trouve dans quelque infirmité, ou qu'il y ait quelqu'autre obstacle qui l'empêche d'agir, comme s'il est interdit; les associés peuvent justement l'exclurre, ce qui ne s'entend que de l'avenir, & n'empêche pas que l'associé exclud, ne recueille le profit à proportion des contributions qu'il avoit faites.

DANS le Droit Romain la pauvreté, & le désordre des affaires détachoient un homme de la société : mais dans le nôtre, il faut qu'on l'exclue formellement.

De même que les associés peuvent interrompre la société, avec un prodigue, ou un insensé, le curateur du prodigue, & de l'insensé peuvent aussi renoncer à la société au nom de ceux dont ils régissent les biens.

La mort de l'un des associés interrompt la société à l'égard de tous les autres associés.

La mort civile d'un associé fait le même effet que la mort naturelle.

L'heritier de l'associé, quoiqu'il ne soit point associé, a part aux profits qu'auroit eu celui à qui il succede ; & il doit aussi porter sa portion des charges & des pertes, des affaires où étoit engagé celui qu'il représente.

L'heritier doit parfaire les engagemens du défunt qui peuvent passer à lui avec la même fidélité, & le même soin, dont le défunt auroit été tenu.

L'heritier de l'associé est aussi tenu envers la société du fait du défunt, & de tout ce qu'il pourroit y avoir causé de perte, ou de dommage, soit par sa mauvaise foi, ou par des fautes dont il devoit répondre.

La société n'est pas interrompue par la mort d'un associé si cette mort n'est connue, l'héritier du défunt aura sa part aux pertes, & aux profits de l'affaire qui a été commencée dans l'intervalle de l'ignorance de cette mort.

QUAND l'on a dit que la société s'interrompoit par la mort de l'un des associés, & quand nous avons expliqué la maniere dont les engagemens des associés passent, ou ne passent point à leurs héritiers, l'on n'a point eu en vûe les sociétés, ou des personnes tierces sont intéressées, comme sont les associés des fermiers, ou des entrepreneurs de quelque ouvrage; car il faut distinguer dans ces sortes de société deux engagemens, l'un des associés entr'eux, & l'autre de tous les associés envers la personne de qui ils prennent ou une ferme, ou quelque chose à faire; & comme ce dernier engagement passe à l'héritier de l'associé, il se trouve par conséquent associé avec les associés du défunt, ensorte que s'il s'agit d'une ferme, par exemple, il ne peut pas être exclus quand même l'exploitation de la ferme n'auroit pas été commencée avant la mort de celui à qui il succede.

TITRE IX.

Des Dots.

LA dot, est le bien que la femme apporte au mari pour en joüir, & l'avoir toûjours en sa puissance pendant leur mariage.

LES revenus de la dot sont destinés pour aider à l'entretien du mari, de la femme, & de leur famille, & aux autres charges du mariage, & c'est pour ces charges que le mari a droit d'en joüir.

Le droit qu'a le mari sur le bien dotal de sa femme est une suite de leur union, & de la puissance du mari sur la femme. Et ce droit consiste en ce qu'il a l'administration & la joüissance du bien dotal, que la femme ne peut le lui ôter, qu'il peut agir comme mari pour le recouvrer contre les tierces personnes qui en sont détenteurs, ou les débiteurs; ainsi il exerce les droits, & les actions qui dépendent de la dot, comme s'il en étoit le maître, quoique la femme en conserve la propriété.

La dot en deniers, ou autres choses, soit meubles, ou immeubles qui ont été estimés par le contrat à un certain prix, est propre au mari, il en devient débiteur, car cette estimation lui en fait une vente, & la dot consiste au prix convenu.

Si les choses ainsi estimées viennent à se détériorer, ou si elles périssent pendant le mariage c'est le mari qui en étant le propriétaire en souffre la perte comme il en auroit le profit, s'il y en avoit: mais le profit, & la perte des choses qui n'ont pas été estimées regardent la femme qui en a toûjours conservé la propriété.

Dans les cas où les choses dotales sont estimées, les regles sont les mêmes que celles qui ont été expliquées dans le contrat de vente. Car cette estimation est un vraie vente.

La dot peut comprendre ou tous les biens de la femme présens & à venir, ou seulement tous ses biens présens, ou une partie d'iceux selon qu'il aura été convenu. Et les biens de la femme qui n'entrent n'entrent pas dans la dot sont appellés paraphernaux.

Si le mari tire du fonds dotal quelque profit qui tienne lieu de revenu, il lui appartiendra : mais si ce profit n'est pas de la nature des fruits & revenus, c'est un capital qui augmente la dot, & il en seroit de même s'il arrivoit quelque augmentation du fonds dotal.

Le fonds que le mari acquiert des deniers dotaux, n'est pas dotal : mais est propre au mari.

Il peut être convenu que le mari survivant ait un certain gain sur les biens de la femme. Et ce gain peut être stipulé, ou en cas qu'il ait des enfans, ou même quand il n'y en auroit point, & on peut aussi régler quelque gain pour la femme sur les biens du mari en cas qu'elle survive. Les Coûtumes reglent différemment ces gains, & ils sont acquis de droit quand ils sont réglés par les Coûtumes, *comme en Bugey*, quoiqu'il n'y eût point de convention. Une difference qu'il y a à faire sur cet article, entre la Bresse & le Bugey, quoique provinces unies, c'est qu'en Bugey l'augmentation qui est de la moitié de la dot, est dû de droit à la femme sans stipulation, au lieu qu'en Bresse pour être dû il faut une convention expresse. Il est vrai aussi qu'en Bresse, l'acquêt & conquêt a lieu entre les conjoints sans stipulation ; & qu'en Bugey la femme est exclue de cet avantage, à moins qu'il n'y soit dérogé pour une convention expresse.

Le fonds dotal ne peut être aliéné, ni hypotéqué par le mari ; non pas même quand la femme y consentiroit; cela s'entend selon l'usage des provinces, où la femme ne peut aliéner son bien dotal : mais il y a d'autres provinces, *comme est la nôtre du Bugey*, où cette aliénation est permise avec l'autorité du mari. Il y a aussi des provinces où la femme ne peut pas même s'obliger avec l'autorité de son mari, ce qui lui conserve sa dot entiere, soit mobiliaire, ou immobiliaire.

LA défense d'aliéner le fonds dotal comprend celle de l'assujettir à des servitudes, & d'en empirer autrement la condition.

L'ALIENATION pourra être permise en Justice pour racheter de captivité, ou tirer de prison le mari, ou la femme, ou leurs enfans, ou pour d'autres cas extraordinaires.

TOUTE constitution de dot renferme la condition que le mariage soit accompli, & s'il n'est célébré, ou que par quelque cause il soit annullé, toutes les conventions pour la dot, comme toutes les autres du contrat de mariage sont anéanties: mais lorsque la célébration du mariage suit le contrat, elle y donne un effet rétroactif & il a cet effet du jour de sa date: ainsi, l'hypoteque pour la dot, est acquise dès le contrat, & avant la célébration du mariage.

DANS le Droit Romain la dot étoit privilégiée aux créanciers antérieurs du mariage, ce qui est encore en usage dans quelque endroits, *comme à Toulouse*.

LA fille qui se marie doit être dotée par son pere, s'il est vivant, la fille, ou la veuve qui se marie, étant hors de la puiſſance de ſon pere, ſe conſtitue elle-même ſa dot, & en ſtipule les conditions.

La fille mineure après la mort de ſon pere, ſe conſtitue elle-même ſa dot ſous l'autorité de ſon tuteur, ou de ſon curateur.

Si le pere dote ſa fille ſans rien ſpécifier, il eſt préſumé que c'eſt de ſon bien, & non pas de celui que la fille peut avoir d'ailleurs, dont le pere feroit curateur; & il en ſeroit de même quand cette fille ſeroit déja émancipée.

La dot que le pere a conſtituée de ſon propre bien s'appelle une dot profectice, parce que c'eſt de lui qu'elle eſt provenue.

La dot profectice retourne au pere qui ſurvit à ſa fille, ſi elle meurt ſans enfans, pour le conſoler de la perte qu'il fait.

Il ſemble par la Loi Sol. Matr. V. L. 59. ff. que la fille par un teſtament puiſſe diſpoſer de ſa dot en faveur d'un étranger, pourvû qu'elle ne bleſſe point la légitime de ſon pere.

Ce droit de retour eſt conſervé au pere, quoique la fille eût été miſe hors de la puiſſance paternelle par une émancipation.

Le droit de réverſion n'empêche pas que le mari ne retienne ſur la dot profectice, ce qui lui revient pour ſes gains, ſelon qu'il en a été convenu, ou qu'il eſt réglé par les Coûtumes des lieux.

Si le pere étoit ſous la conduite d'un curateur,

comme s'il étoit insensé, ou interdit, ou s'il se trouvoit dans une absence, ou autre état qui obligeât la Justice à pourvoir à la dot de sa fille, la dot qui lui seroit constituée des biens paternels, seroit une dot profectice à l'égard du pere.

TOUT ce qui a été dit du pere pour ce qui regarde la dot profectice & la réversion, s'étend à l'ayeul & autres ascendans du côté paternel.

TOUTES personnes, parens, ou étrangers peuvent constituer une dot. Mais ils n'ont pas le droit de réversion s'ils ne l'ont stipulé.

LA Loi semble priver la mere du droit de réversion. La Coûtume de Paris qui prive les ascendans de la succession des propres de leurs enfans, & qui ne veut pas que les propres remontent de crainte qu'ils ne passent d'une ligne à l'autre, conserve pourtant à la mere & autres ascendans le droit de retour.

SI le pere ne dote sa fille que de ce qu'il avoit à elle, ou de ce qu'il étoit obligé de lui donner cette dot ne sera pas profectice : mais ce sera une dot d'un bien aventif, & propre à la fille.

LA mere peut donner à sa fille des biens qui ne sont pas dotaux, & si le pere ne peut la doter, & que la mere n'ait que des biens dotaux, elle peut en ce cas donner de sa propre dot pour doter sa fille en observant les tempéramens des Coûtumes.

CEUX qui constituent une dot ne peuvent plus disposer de ce qu'ils ont donné, & sont obligés à garantir ce qu'ils ont constitués suivant le regles de la garantie, que doivent ceux qui vendent.

Le mari à cause de la dot est obligé de porter les charges du mariage, & d'avoir le même soin de la dot, que de ses biens propres; & s'il arrive par sa faute, ou sa négligence des pertes & des diminutions, il en sera tenu; il repond même des cas fortuits auxquels il a donné lieu par sa faute.

Quoique le mari soit obligé de faire ses diligences contre les débiteurs de la dot, on ne peut pas exiger de lui qu'il exerce envers son beau-pere les mêmes diligences qu'envers un étranger. *Notre usage du Bugey n'est pas si indulgent que cette Loi.*

Si le mari change la nature d'une dette, qui est du bien dotal en l'innovant, ce changement sera à ses périls, & il demeurera chargé de la dette comme s'il l'avoit reçûe.

Le mari qui reçoit des intérêts d'un débiteur de la dot, surséant par là le principal qu'il pouvoit exiger, sera tenu de la dette, si ce débiteur devenoit insolvable.

Si le fonds dotal est possédé par une tierce personne, & que le mari laisse couler tout le tems de la prescription, il en répondra, si ce n'est que lors du mariage la prescription fût presque encourue, & qu'il restât si peu de tems qu'on ne pût rien imputer au mari.

Le mari est engagé de rendre la dot, & les accessoires qui ne devoient pas lui appartenir lorsque le cas arrive, comme si la femme meurt sans enfans avant le mari, ſi le mariage eſt déclaré nul, s'il y a ſéparation de corps & de biens, ou ſeulement ſéparation de biens ; ſi la dot ayant été donnée au mari pendant les fiançailles, le mariage ne s'eſt pas accompli. Et lorſque le mari meurt, l'engagement de rendre la dot paſſe à ſes héritiers.

LORSQUE le cas de la reſtitution de la dot eſt arrivé, elle doit être rendue, ou à la femme ſi elle a ſurvécu, & qu'elle ſoit en âge pour la recevoir ; ou à ſes héritiers, ou à ſon pere s'il avoit fait la conſtitution, ou autres perſonnes à qui la dot devra appartenir

LA reſtitution de la dot eſt diminuée, par les réparations, ou autres dépenſes, que le mari, ou héritiers auront faites pour la conſervation du bien dotal.

CES dépenſes peuvent être de trois ſortes, il y en a de néceſſaires, comme de refaire un bâtiment qui eſt en péril de ruine, ou qu'il faut conſerver. D'autres ſont utiles, quoique non néceſſaires, comme le plan d'un verger ; & il y en a qui ne ſont ni néceſſaires, ni utiles, & qui ne ſont que pour le plaiſir, comme des peintures, & autres ornemens.

POUR les dépenſes néceſſaires, le mari peut retenir le fonds dotal, ou une partie, & en demeurer en poſſeſſion juſques à ſon rembourſement. Pour les dépenſes annuelles, & ordinaires, le mari en eſt chargé. Les charges foncieres comme les cens, les tailles, & autres redevances qui ſont des charges des fruits, ſe prennent ſur les fruits : pour les dépenſes qui ſont utiles, quoique non néceſſaires, elles doivent encore être remboursées au mari, ou à ses héritiers; & quoique ces dépenses eussent été faites sans la volonté de la femme, ils ont leur action pour les recouvrer.

IL faut remarquer, sur le droit que le mari a de retenir le fonds dotal, *que notre usage* est qu'aucun possesseur, s'il n'y consent, ne puisse être dépossédé sans l'autorité de la Justice. Il dépend toûjours de la prudence du Juge, ou de laisser la dot au mari jusqu'à ce qu'il ait recouvré les dépenses qui lui sont dûes, ou de la lui ôter quand il a d'autres sûretés.

IL est de la prudence du Juge d'arbitrer selon les circonstances, si les dépenses sont nécessaires, ou non; utiles, ou non.

S'IL arrive que les réparations, & les améliorations faites par le mari perissent par un cas fortuit, le mari, ou ses héritiers ne laisseront pas de les recouvrer, parce que le droit leur en étoit acquis par l'ouvrage, & que la propriété en étant à la femme, elle en souffre la perte.

LES dépenses qui sont faites pour le seul plaisir, sans nécessité, ni utilité ne se recouvrent point quand même la femme y auroit engagé le mari. Et si les réparations faites pour le plaisir, sont telles qu'on puisse les enlever sans qu'elles périssent, le mari, ou ses héritiers peuvent les enlever en cas que la dépense leur en fût refusée. Mais, si elles sont telles qu'on ne puisse profiter de rien en les enlevant, comme des peintures à fresque, il n'est pas permis de les effacer: car ce seroit nuire sans aucun profit.

Les biens paraphernaux ſont tous les biens que peut avoir une femme mariée, autres que ceux qui ont été donnés en dot au mari; & ces biens ſont comme une eſpece de pécule propre à la femme.

La femme peut diſpoſer de ſes biens paraphernaux, indépendemment de l'autorité & du conſentement du mari, & les employer comme bon lui ſemble, ſans que le mari ait le droit de l'en empêcher, quand même la femme les lui auroit délivrés.

Si les biens paraphernaux ſont mis en la puiſſance du mari, la femme peut, ſi ce ſont des effets mobiliaires, retirer de lui un inventaire par lequel il s'en charge; il eſt obligé de prendre le même ſoin des biens paraphernanx qui lui ſont confiés, que des ſiens propres.

Le contrat de mariage ſert à diſtinguer les biens paraphernaux, car tout ce qui n'eſt pas compris dans la dot, ou expreſſement, ou tacitement, quand même la femme le délivreroit au mari avec les biens dotaux, eſt conſidéré comme paraphernal; ſi ce n'eſt qu'il parût, lors de la délivrance que ce ne fût qu'un acceſſoire dont la femme voulût augmenter ſa dot.

Tout ce que la femme peut avoir ſans titre apparent eſt au mari, & les profits même qui peuvent provenir de ſon travail & de ſon ménage, ſont au mari, comme des fruits, des revenus, des ſervices, ou offices que lui doit la femme.

La ſéparation de biens entre le mari, & la femme ; eſt le droit qu'à la femme de retirer ſes biens des biens de ſon mari pour en reprendre l'adminiſtration & la joüiſſance, lorſque le mauvais état des affaires de ſon mari & ſa pauvreté mettent les biens de la femme en danger. Et alors elle porte les charges du mariage employant ſes revenus pour l'entretien de ſon mari, d'elle & de leurs enfans.

LA femme ſéparée de biens n'acquiert par la ſéparation que le droit de joüir de ſes biens & les conſerver. Mais elle ne peut les aliéner que ſelon les Loix & les Coûtumes.

SI la dot conſiſte en deniers, dettes, ou autres effets qui ne ſont pas en nature, la femme peut en vertu de la ſéparation, ſaiſir & faire vendre les biens du mari, & les autres ſujets à ſon hypotéque, même entre les mains des tiers détenteurs. Et ſi les biens paraphernaux qu'elle auroit mis en la poſſeſſion du mari n'étoient pas en nature, elle les pourroit recouvrer de même que ſes biens dotaux.

SI par le contrat de mariage il y a des gains acquis à la femme ſur les biens du mari, elle pourra les recouvrer, de même que ſa dot, ſoit pour en conſerver la propriété, ſi la joüiſſance ne doit avoir lieu qu'après la mort du mari, ou pour entrer en joüiſſance, ſelon que la qualité de ces gains ſera réglée, ou par le contrat de mariage, ou par les Coûtumes & les uſages des lieux.

TITRE X.

Des Donations entre-vifs.

LA donation entre-vifs eſt un contrat qui ſe fait par un conſentement réciproque entre le donateur qui ſe dépouille de ce qu'il donne pour le tranſmettre gratuitement au donataire ; & le donataire qui accepte, & acquiert ce qui lui eſt donné.

IL n'y a point de donation, ſans acceptation.

SI le donataire eſt incapable d'accepter, comme ſi c'eſt un enfant, il faut que l'acceptation ſoit faite par une perſonne qui puiſſe accepter pour lui, comme ſon pere, ſon tuteur & ſon curateur.

CELUI qui donne ce qu'il doit donner, ne fait pas une donation.

LES donations qu'on appelle remunératoires, ne ſont véritablement donation que lorſque ce qui eſt donné ne pouvoit être exigé par le donataire.

QUOIQUE la donation ſoit une libéralité, elle eſt irrévocable comme les autres conventions, ſi ce n'eſt du conſentement du donataire.

ON peut donner toutes les choſes qui ſont en commerce, & c'eſt auſſi une donation lorſque le créancier remet la dette à ſon débiteur.

ON peut donner tous ſes biens ou une partie, pourvû que la donation ne ſoit pas inofficieuſe, & à condition que ſi elle eſt de tous les biens, il y ait une réſerve ou d'uſufruit, ou d'autre choſe qui ſuffiſe pour la ſubſiſtance du donateur.

LES fruits & revenus que le donataire recueille des choſes données après la donation n'en ſont pas partie & n'augmentent pas la donation, mais ſont un bien acquis au donataire. Ainſi, lorſqu'une donation vient à être réſolue par l'evénement de quelque condition, ou autrement, le donataire ne rend pas les fruits & les revenus dont il a joüi.

LES donations ſont ou pures & ſimples, ou conditionelles.

LES conditions dans les donations comme dans les autres conventions ſont de trois ſortes. Quelques unes ſont telles, que la donation dépend de l'évenement de la condition. D'autres réſolvent la donation qui auroit ſubſiſté: & d'autres apportent ſeulement quelque changement, ſans annuller la donation. Ainſi, les donations faites en faveur du mariage renferment la condition que le mariage ſera accompli: les exemples des autres donations ſont aiſées à apporter.

APRE'S que la donation a été accomplie, il n'eſt plus au pouvoir du donateur d'impoſer au donataire aucune condition, quand ce ſeroit même le pere du donataire.

LES conditions des donations, quand elles ne

ſont pas accomplies peuvent annuller les donations : mais non pas les motifs des donations quand même ils ne ſe trouveroient pas véritables.

EN toutes donations ſoit univerſelles ou particulieres, le donateur peut ſe réſerver l'uſufruit des choſes qu'il donne.

LES donations doivent être inſinuées, pour faire connoître au public cet engagement qui, étant inconnû, pourroit donner ſujet à diverſes fraudes. Voyez l'Ordonnance de 1539. article 132. celle de Moulins, article 58. & celle de 1735. article . . . .

LORSQU'IL y a une rétention d'uſufruit dans une donation, elle tient lieu de délivrance.

UN donateur qui ne s'eſt pas obligé à la garantie, & qui a donné de bonne foi une choſe qui n'étoit pas à lui, croyant en être le maître, eſt déchargé de la garantie.

S'IL y avoit de la mauvaiſe foi de la part du donateur, comme s'il avoit donné une choſe qu'il ſavoit n'être pas à lui, il feroit tenu des dommages & intérêts que le donataire pourroit en ſouffrir.

LE donateur ne peut être obligé d'acquitter ce qu'il a promis, qu'autant qu'il le peut, ſans être reduit à la néceſſité.

LE donateur ne doit point d'intérêt de la choſe donnée même après le retardement, s'ils ne ſont ſtipulés, ou s'il n'y en a une condamnation en Juſtice, & ils ne seront dûs que depuis la demande judicielle.

La donation peut se révoquer si le donateur étoit incapable de contracter, ou qu'il eût été forcé, ou pour de justes causes d'ingratitude, comme si le donataire a attenté à la vie, ou à l'honneur du donateur, & même s'il s'est porté à lui faire quelque violence, ou quelque outrage en sa personne par des injures, s'il lui a refusé des alimens lorsqu'il étoit réduit à la nécessité, ou s'il lui a causé quelque perte considérable par de mauvaises voies.

Le droit de révoquer une donation par l'ingratitude du donataire, ne passe pas à l'héritier du donateur, si lui-même ayant connu l'ingratitude l'a dissimulée.

Si après une donation faite par une personne qui n'ait point d'enfans, il lui en survient, la donation demeurera nulle. L'esprit de la Loi veut même que, si l'enfant qui survient, vient à mourir avant que le donateur ait révoqué la donation, le donateur reprenne irrévocablement ce qu'il a donné.

Cette Loi de la survenance des enfans dans le Droit Romain n'avoit été faite que pour les patrons dont les affranchis étoient donataires : mais nous l'observons pour toutes personnes indistinctement.

Si la donation étoit modique, & faite par une personne qui eût de grands biens à un donataire peu accommodé, & pour des causes favorables, l'on peut douter si la survenance des enfans annulleroit cette donation.

TITRE XI.

De l'Usufruit.

L'USUFRUIT est le droit de joüir d'une chose dont on n'est pas le propriétaire, la conservant entiere, & sans la détériorer ni diminuer.

ON peut joüir par usufruit, non seulement des immeubles, mais aussi des meubles.

L'USUFRUIT comprend toutes sortes de revenus, & on peut même joüir par usufruit des fonds, & des meubles dont il ne se tire pas d'autre usage que le simple divertissement.

L'USUFRUITIER, au moment que son droit lui est acquis, fait siens les fruits qui sont en maturité, & pendans par racines & si l'usufruit venoit à finir, ou par sa mort, ou autrement, la portion des fruits qu'il aura recueillie, quoique restée dans l'héritage appartiendra à ses héritiers; & ce qui restera sans être cueilli demeurera au propriétaire, & aussi les fruits qui seront tombés d'eux-même, où l'"héritier n'aura pas mis la main.

L'USUFRUIT peut être acquis, ou par une convention, ou par un testament, ou par une loi; comme l'usufruit que les Loix, les Ordonnances & les Coûtumes donnent aux peres, ou aux meres ſur les biens de leurs enfans, ſoit ſous le nom d'uſufruit, ou de garde noble, ou garde bourgeoiſe, & alors on peut ſuivre en chaque eſpece d'uſufruit, ce qui peut en être réglé par le titre, quoique différent de la regle expliquée dans l'article précédent. Ainſi, la joüiſſance qu'ont les poſſeſſeurs des bénéfices des fruits qui en dépendent eſt une eſpece d'uſufruit qui ſe regle d'une autre maniere; car comme les fruits du bénéfice appartiennent au poſſeſſeur à cauſe des charges, les fruits de la derniere année, à commencer l'année comme c'eſt la regle au mois de Janvier, ſe partagent entre les héritiers du titulaire, & ſon ſucceſſeur au bénéfice, à proportion du tems que ce titulaire a vêcu pendant cette derniere année: ainſi, les fruits de la dot, après la diſſolution du mariage ſe partagent différemment entre le ſurvivant, & les héritiers du prédécedé, ſuivant les différentes diſpoſitions des Coûtumes.

Si les fruits d'un héritier ſujet à un uſufruit étoient donnés à ferme, l'uſufruitier qui a ſon droit acquis au tems de la récolte, recevra du fermier le prix du Bail, de même qu'il auroit recueilli les fruits, s'il n'y avoit point eu de bail. Et quoique l'uſufruit vienne à finir entre la récolte & le terme du payement, l'uſufruitier ou ſes héritiers auront le prix entier du bail de cettte récolte.

L'usufruitier peut cueillir, avant une parfaite maturité, les fruits qu'il eſt plus utile, ou qu'il eſt de l'uſage de cueillir prématurément, comme les olives, le foin ou bois taillis. Mais il doit attendre la maturité pour la moisson & la vendange.

L'USUFRUITIER peut ouvrir une carriere dans un fonds dont il aura l'usufruit; car les pierres qu'il en tirera tiennent lieu de fruits ; il en est de même des autres matieres qu'il pourra tirer.

L'USUFRUITIER peut changer le fonds pour l'améliorer ; mais il ne peut faire de changemens qui empirent le droit du propriétaire, & quand même les changemens qu'il feroit augmenteroient le revenu, si ce n'étoit que pour un tems, ou que cela causât d'ailleurs des dépenses & des incommodités qui fussent à charge au propriétaire, l'usufruitier en sera tenu, comme ayant passé les bornes de son droit ; ainsi, c'est par les circonstances qu'il faut juger des changemens que l'usufruitier peut, ou ne peut pas faire.

LES arbres abattus par le vent appartiennent au propriétaire du fonds dont ils faisoient partie : ainsi, il est obligé de les emporter à ses frais, afin qu'ils n'incommodent point ; & l'usufruitier n'en profitant pas, n'est pas obligé d'en planter de nouveaux.

LES arbres morts sont à l'usufruitier comme une espece de revenu ; mais à la charge d'en planter d'autres.

L'USUFRUITIER peut tirer des arbres d'un bois de quoi faire des échalas pour des vignes, pourvû que ce soit sans détériorer.

SI l'usufruitier d'un héritage ne peut y entrer que

que par un autre fonds de celui qui a créé l'usufruit, ce passage sera dû à l'usufruitier.

L'USUFRUITIER peut faire dans l'héritage sujet à l'usufruit des améliorations & des réparations utiles & nécessaires, & même pour son seul plaisir, pourvû que ce soit sans rien empirer, ni changer l'état des lieux. Ainsi, il ne peut ni hausser un bâtiment, ni changer les appartemens, ni ôter à une maison sa forme premiere, quant ce seroit en mieux. Mais il peut, par exemple, prendre des jours, & mettre des peintures & autres ornemens.

L'USUFRUITIER ne peut rien démolir de ce qu'il a bâti, ni ôter, ni enlever ce qui peut se conserver étant enlevé.

L'USUFRUITIER peut joüir par soi-même, loüer, bailler, céder, vendre ou donner son droit : il a la liberté d'interrompre le bail qu'avoit passé le propriétaire, de même que l'acheteur; si ce n'est que son titre le réglât autrement.

L'USAGE est le droit de prendre sur les fruits qui y sont affectés ce que l'usager peut en consumer pour ses besoins, ou ce qui lui est donné par son titre, ou par les coûtumes, & les usages s'ils y ont pourvû.

SI les fruits sont si modiques dans le fonds qui est affecté à l'usager, qu'il n'y ait précisement que ce qu'il lui en faut, il aura le tout comme l'usufruitier.

L'USAGER a la liberté d'aller dans le fonds pour user de son droit; mais sans incommoder le propriétaire. Il ne peut ni vendre, loüer ni donner un droit qui lui est personnel, & qui passant à une autre personne, pourroit être plus à charge au propriétaire.

Le mari & la femme useront ensemble du droit d'usage acquis à l'un des deux pendant le mariage, pendant la vie de celui à qui ce droit aura été donné par un legs, ou autre disposition à cause de mort : mais si le mariage survient après le droit acquis, il n'empire pas la condition du propriétaire. Et il en seroit de même si ce droit étoit acquis par une convention, soit avant, soit après le mariage.

Le droit d'usage n'est pas seulement pour une ou plusieurs années : mais il s'étend à la vie de l'usager si le titre ne le regle autrement.

Celui qui a le droit d'habitation d'une maison peut céder, & loüer son droit sans y habiter lui-même, si ce n'est que le titre le réglât autrement.

L'on peut avoir l'usufruit des choses mobiliaires qui diminuent, & qui perissent même par l'usage, comme une tapisserie, des grains & des liqueurs, ou par un titre particulier, ou par un titre général, comme si l'on avoit l'usufruit d'une totalité de biens d'une succession.

L'usufruitier des choses qui se diminuent par l'usage, doit en user en bon pere de famille, & les rendre au propriétaire l'usufruit fini, quoiqu'usées & diminuées par l'effet de l'usage.

L'usufruitier qui a des animaux dans son

usufruit peut en tirer les revenus, & les services qu'en tireroit le maître.

Si c'est un usufruitier d'animaux qui ne peuvent pas produire de quoi remplacer, comme un atelage de chevaux, ou de mulets, ou de quelque bête seule, l'usufruitier ne sera pas tenu de remplacer ce qui perira, si c'est sans sa faute.

L'USUFRUIT des choses qui se consument par l'usage en emportent la propriété. Mais l'usufruitier est distingué du propriétaire, en ce qu'il est obligé, l'usufruit fini, de rendre ou une pareille quantité, de même nature que celle qu'il a reçûe, ou la valeur des choses au tems qu'il les a prises; car c'est de cette valeur qu'il a eu l'usufruit.

Il est égal d'avoir l'usage ou l'usufruit des choses qui se consument lorsque l'on en use.

CELUI qui a un usufruit de choses mobiliaires dont l'usage consiste à les loüer, comme d'un batteau, peut loüer ces sortes de choses. Mais il ne peut pas loüer celles qui ne sont pas destinées à cet usage, parce que le mésusage peut les faire périr, ou les endommager.

L'USUFRUITIER est obligé de faire inventaire, & procès-verbal des choses dont il a l'usufruit, soit meubles, ou immeubles, pour marquer en quoi elles consistent, & en quel état il les prend, afin de régler ce qu'il devra rendre, l'usufruit fini, & en quel état il les devra rendre.

L'USUFRUITIER est obligé de donner au propriétaire les sûretés nécessaires pour la restitution des choses données en usufruit, dans l'état où elles devront être : il ne peut changer ce qui est destiné pour le simple divertissement, quoique ce fût pour augmenter le revenu. Il doit faire les dépenses nécessaires pour conserver & tenir en bon état les choses dont il a l'usufruit, même payer les charges, comme les tailles & autres impositions, les cens & autres redevances, & rentes foncieres, même celles qui peuvent survenir depuis que l'usufruit est acquis. Mais il n'est pas tenu des grosses réparations, comme de rébâtir ce qui est tombé, sans qu'il y eût de sa faute.

Tous ces engagemens de l'usufruitier sont communs à l'usager.

Si l'usufruitier ou l'usager aiment mieux abandonner leur droit que d'en porter les charges, ils cesseront d'en être tenus, à la réserve de celles de la joüissance qu'ils auront faite, & des détériorations qu'eux ou les personnes dont ils doivent repondre auront causées ; & ils auront la même liberté quand ils auroient été condamnés en Justice à aquitter les charges dont ils étoient tenus.

Le propriétaire ne peut, avant la délivrance ni après, faire aucun changement dans les lieux, & autres choses sujettes à un usufruit, ou à usage, par où il empire la condition de l'usufrutier, quand même ce seroit pour améliorer le fonds ; si ce n'est du consentement de l'usager, ou de l'usufruitier ; & s'il faisoit quelque changement qui nuisit à l'usufruitier, il seroit tenu des dommages & intérêts qu'il auroit causés.

Si l'usufruitier, ou l'usager ne pouvoient joüir par un obstacle que le propriétaire dût faire cesser, il en sera tenu, & des dommages & intérêts de la non joüissance, comme s'il y avoit quelque éviction, ou autre trouble dont il fut garant, ou s'il refusoit à l'usufruitier quelque servitude nécessaire qu'il dût lui donner.

Si l'usufruitier a fait des réparations nécessaires au-delà de celles dont il est tenu, le propriétaire doit l'en rembourser.

L'usufruitier est restraint au droit de joüir de la chose en l'état qu'elle est.

L'usufruit, l'usage & l'habitation finissent par la mort naturelle, & par la mort civile de la personne qui en avoit le droit, parce que ce droit étoit personnel.

Si l'usufruitier est chargé de rendre l'usufruit à une autre personne; son usufruit finira, lorsque cette restitution devra être faite.

L'usufruit, ou l'usage finit lorsque le fonds qui est affecté périt avant la mort de l'usage, ou de l'usufruitier; & il n'ont pas même droit sur les matériaux, ni sur la place de la maison dont ils avoient l'usufruit, lorsqu'elle est périe.

Si un héritage étoit innondé, l'usufruit ou l'usage ne seroit perdu que pendant la durée de l'innondation; & il seroit rétabli si l'héritage, ou une partie revenoit en état qu'on pût en joüir.

Il y a cette différence entre un usufruit particulier, & un usufruit universel, que l'usufruitie universel d'une succession, si une maison qui en fait partie vient à perir, a l'usufruit de la place ou étoit la maison, & des matériaux, ce que n'auroit pas un usufruitier particulier de cette maison.

DANS un usufruit particulier légué par un testateur sur un héritage, s'il change lui-même la face des lieux après son testament, & que d'un pré, par exemple, dont il avoit légué l'usufruit, il fasse une maison, ou un jardin; dans ce cas, ou autre semblable, la volonté du testateur qu'on présume être changée anéantit le legs de l'usufruit.

SI la chose sujette à un usufruit vient à périr, ou qu'elle soit changée, de sorte que l'usufruit ne subsiste plus, ce qui en peut rester appartient au propriétaire; ainsi les cuirs des bêtes d'un troupeau qui seroit péri doivent être remis au propriétaire.

TITRE XII.

Des Servitudes.

LA ſervitude eſt un droit qui aſſujettit un fonds à quelque ſervice pour l'uſage d'un autre fonds qui appartient à un autre maître.

QUOIQUE les ſervitudes ne ſoient que pour les perſonnes, on les appelle réelles, parce qu'elles ſont inſéparables du fonds. Ainſi, on ne peut avoir aucune ſervitude qui ne ſe rapporte à l'uſage d'un fonds.

LES ſervitudes ſont toutes compriſes ſous deux eſpeces, l'une de celles qui ſont naturelles & d'une abſolue néceſſité, comme la décharge de l'eau d'une ſource qui coule dans le fonds qui eſt au-deſſous. L'autre eſt celle que la nature ne rend pas abſolument néceſſaire; mais que les hommes établiſſent pour une plus grande commodité : comme s'il eſt convenu qu'une maiſon ne pourra être hauſſée pour ne pas nuire aux vûes d'une autre maiſon.

TOUTES les eſpeces des ſervitudes, ſont ou pour l'uſage des maiſons, & autres bâtimens, ou pour l'uſage des autres fonds, comme prés, terres, vignes, jardins, ſoit qu'ils ſoient ſitués dans les villes, ou à la campagne. On appelle dans le Droit Romain, *prædia urbana*, les bâtimens tant de la campagne que de la ville; & les autres héritages, comme prés, terres, vignes, &c. *prædia ruſtica.*

Le droit de ſervitude comprend les acceſſoires ſans leſquels on ne pourroit en uſer : ainſi, la ſervitude de prendre de l'eau d'un puits emporte la ſervitude du paſſage pour y aller, on peut réparer le chemin dans le fonds d'autrui lorſqu'on a droit de s'en ſervir : mais on ne peut rien innover à l'ancien état.

Comme les ſervitudes dérogent à la liberté naturelle que chacun a de ſe ſervir de ſon fonds, elles s'interpretent favorablement pour la liberté. Ainſi, celui qui a un droit de paſſage dans le fonds d'un autre, ſans que le titre marque le lieu, n'aura pas la liberté de choiſir ſon paſſage : mais il lui ſera donné par l'endroit le moins incommode au propriétaire.

Les ſervitudes s'établiſſent, & s'acquierent, non ſeulement par des conventions, ou des teſtamens : mais auſſi par l'autorité de la Juſtice, ſi ce ſont des ſervitudes naturellement néceſſaires, qui ſont refuſées. Ainſi, lorſque le propriétaire d'un héritage ne peut y aller qu'en paſſant par le fonds d'un voiſin ; on oblige ce voiſin à donner paſſage par l'endroit le moins incommode en le dédommageant.

Le droit de ſervitude peut s'acquérir ſans titre par la preſcription ; il y a des Coûtumes où le droit de ſervitude ne peut s'acquérir par preſcription, quoique la liberté s'y acquiere par preſcription.

C'eſt un eſpece de titre pour conſerver & preſcrire une ſervitude que la preuve qui ſe tire de l'ancien état des lieux ; & il ſert auſſi pour régler la maniere, & l'usage de la servitude. Il n'est pas permis à celui qui a la servitude, ou qui la doit souffrir, de rien innover à l'ancien état des lieux.

On peut acquérir l'affranchissement d'une servitude par prescription, à plus forte raison que la servitude; ainsi celui qui a droit d'user d'une prise d'eau le jour & la nuit, perd l'usage de la nuit s'il le laisse prescrire, ou si sa servitude étoit à quelques heures, ou à toutes, il est restraint à celles ou la prescription l'aura limité.

Les servitudes étant attachées aux fonds, & non aux personnes, elles ne peuvent passer d'une personne à l'autre, si le fonds n'y passe. Mais si le fonds pour lequel la servitude est établie, comme, par exemple, une prise d'eau, se divise entre plusieurs propriétaires, chaque portion conservera l'usage de la servitude à proportion de son étendue quoique quelques portions en eussent moins de besoin, ou que l'usage y en fût moins utile.

Celui à qui la partie du fonds asservi sert, n'y a aucun droit de propriété : mais il a seulement droit d'en user pour sa servitude. Une même servitude peut servir à l'usage de deux fonds. Ainsi, un aquéduc peut servir pour d'eux ou plusieurs fonds.

Quoiqu'une servitude paroisse inutile, on peut ou l'acquerir, ou la conserver. Car outre qu'on peut posséder des choses inutiles, c'est que ce qui est inutile peut devenir utile dans la suite.

Celui qui n'a la proprieté d'un héritage que

par indivis avec d'autres, ne peut ni l'assujetir, ni l'affranchir sans le consentement de tous.

Les servitudes se conservent contre la prescription par l'usage qu'en font les fermiers, les locataires, les usufruitiers, & même les possesseurs de mauvaise foi.

Si la servitude est dûe pour l'usage d'un fonds commun à plusieurs, celui qui s'en sert la conserve pour tous. Mais si plusieurs ont chacun leur droit de servitude en particulier, quoique au même endroit du fonds asservi, chacun ne conserve que son droit; & il peut être prescrit à l'égard des autres qui n'en usent point.

Si un des propriétaires d'un fonds commun, pour lequel il est dû une servitude, a quelque qualité qui empêche qu'on ne prescrive contre lui; comme, si c'est un mineur, la servitude ne se perd point, quoique l'un & l'autre cessent de posséder, parce que le mineur la conserve pour le fonds entier.

Les servitudes des maisons, & des autres bâtimens, sont de plusieurs sortes selon les besoins, comme les décharges d'eaux, les jours, les vûes, un droit d'appuyer, un passage & autres semblables. Mais il n'y en a aucune qui soit naturellement nécessaire; car celui qui bâtit, peut & doit le faire dans l'étendue de son fonds en gardant les distances nécessaires, & sans entreprendre sur le fonds qui est joignant au sien, & si quelque servitude lui est nécessaire, & qu'il ne l'ait point, il ne peut l'acquérir que de gré, à gré.

Le droit de la décharge des eaux d'un toit, est une servitude qui peut être différemment établie, ou de telle maniere que le toit ait sa saillie, & sa décharge dans le fonds voisin, ou que toute son eau s'amasse, & s'écoule par une goûtiere avancée, ou par un canal plaqué contre le mur.

La décharge d'un égoût dans le fonds voisin, est une servitude pour l'usage d'une maison, & on en peut établir d'autres semblables.

Les jours sont les ouvertures pour recevoir la lumiere dans une chambre, ou un autre lieu: & les vûes ont de plus un aspect libre sur les environs ou de la ville, ou de la campagne.

Les servitudes pour ce qui est des jours sont de deux sortes, l'une de celles qui donnent au propriétaire d'une maison le droit d'ouvrir son mur, ou un mur mitoyen pour prendre un jour du côté du fonds de son voisin, avec le droit d'empêcher que le voisin ne leve ce bâtiment jusqu'à ôter ce jour; & l'autre de celles qui donnent droit d'empêcher le voisin d'ouvrir son mur, ou un mur mitoyen, pour prendre un jour sur une cour, ou autre lieu, ou qui bornent la liberté d'en prendre à des jours hors de vûe, ou tel autres qui sont réglés par le titre.

Les servitudes pour les vûes sont aussi de deux sortes. L'une de celles qui donnent le droit d'une vûe libre, avec le pouvoir d'empêcher que le bâtiment voisin ne soit élevé, & n'ôte la vûe; & l'autre de celles qui donnent à un propriétaire le droit d'empêcher que son voisin n'ait ni vûe, ni jour du côté où ils ſe joignent, ou qu'il ne l'ait que conforme au titre.

Le droit d'appuyer, eſt le droit de faire porter ou un plancher, ou un bâtiment, ou autre choſe ſur le mur d'un voiſin. Et lorſqu'un mur eſt mitoyen, les propriétaires ont droit d'appuyer chacun de ſa part. Mais ſoit que le mur appartienne à un ſeul maître, ou qu'il ſoit mitoyen, on ne peut le charger que raiſonnablement.

Quoiqu'un propriétaire puiſſe faire dans ſon fonds ce que bon lui ſemble, il ne peut y faire d'ouvrage qui ôte à ſon voiſin la liberté de joüir de ſon fonds, ou qui lui cauſe quelque dommage. Ainſi, le propriétaire d'un fonds où il n'y a point de bâtiment, n'en peut pas faire un, dont le toît avance ſur le fonds voiſin, ou y décharge ſes eaux. On ne peut faire un plant, un bâtiment, & d'autres ouvrages qu'à de certaines diſtance du confin : Ainſi, on ne peut faire un four, une étuve, ou un autre ouvrage contre un mur même mitoyen qui en puiſſe être endommagé. Il y a des Coûtumes qui reglent de quelle maniere doivent être faits ces ſortes d'ouvrages : mais il y a de certaines incommodités qu'on a la liberté de procurer à ſon voiſin. Ainſi, celui qui n'eſt ſujet à aucune ſervitnde peut élever ſa maiſon comme bon lui ſemble, quoique par cette élevation, il ôte les jours à celle de ſon voiſin, car le voiſin a dû placer ſes jours hors du péril de cette incommodité, qu'il n'avoit pas droit d'empêcher, & qu'il pouvoit prévoir.

Les ſervitudes des héritages de la campagne

ſont de pluſieurs ſortes, comme le droit de paſſage, la priſe d'eau, l'aquéduc & autres ſemblables.

Le droit de paſſage d'un héritage à l'autre, peut être établi, ou pour le paſſage des perſonnes ſeulement, ou pour le paſſage d'une bête à cheval, ou pour une bête chargée, ou pour un charroi.

La priſe d'eau, eſt le droit de prendre dans un fonds de l'eau d'une ſource, ou d'un ruiſſeau pour la conduire à un autre fonds, ou quand on en voudra, & par intervalles, ou en certains tems, ou ſans interruption.

L'aqueduc eſt une conduite d'eau d'un fonds à un autre par des tuyaux, ou à découvert.

On peut établir des ſervitudes d'autre nature pour divers uſages, comme le droit de tirer d'un fonds voiſin, du ſable, de la pierre, du plâtre pour l'uſage d'un autre fonds, d'y puiſer de l'eau, d'y amaſſer, & de dépoſer les fruits d'un autre fonds, juſques à ce qu'on les emporte dans un certain tems, d'y avoir une levée ſur une riviere, un canal, un foſſé, ou autre ouvrage, avec le droit d'y entrer pour le réparer, &c. A l'occaſion des fruits qu'on peut dépoſer dans le fonds d'autrui par le droit de ſervitude, l'on peut obſerver que tous les propriétaires des héritages, où peuvent tomber des fuits des héritages voiſins, ſont obligés de ſouffrir qu'on vienne les lever

On peut avoir auſſi des ſervitudes pour l'uſage des beſtiaux qu'on tient dans un fonds, ſoit pour les abreuver à une fontaine dans un fonds voisin, ou les y faire paître en de certains tems.

Le propriétaire du fonds asservi est obligé de souffrir les ouvrages nécessaires pour les réparations & pour l'entretien des lieux, & autres choses destinées à la servitude, il ne doit rien changer de l'ancien état des lieux : mais il ne doit pas lui-même à ses frais réparer les lieux, si ce n'est qu'il y fût obligé par le titre, ou par une possession qui pût en tenir lieu.

Celui dont le mur doit porter le bâtiment d'un autre, ou une autre charge, est obligé de l'avoir tel qu'il puisse y suffire, il est aussi obligé de l'entretenir, & de le refaire s'il en est besoin, si ce n'est que ce fût l'excès de la charge qui l'eût abbatu, ou endommagé, & en ce cas celui qui a surchargé sera tenu de décharger, ou de réparer le mur, & des dommages & intérêts que cette surcharge aura pû causer.

Lorsque deux propriétaires sont obligés de refaire un mur mitoyen, la perte des embellissemens faits sur le mur, comme peintures, sculptures tombera sur celui qui les avoit faits.

S'il est nécessaire de refaire un mur asservi pour porter un bâtiment, ou pour un droit d'appui, celui à qui est le mur, & qui doit l'entretenir, ne sera tenu que de la dépense nécessaire pour refaire le mur ; & toute celle qui se fera, ou pour démolir ce qui étoit appuyé, ou pour le soûtenir, sera porté par celui qui a le droit d'appuyer.

Si le propriétaire d'un fonds asservi aime mieux

le quitter, que d'y faire les réparations que la ſervitude l'oblige de faire, il en ſera déchargé en quittant le fonds.

Si un héritage pour lequel il eſt dû un droit de paſſage eſt diviſé entre pluſieurs perſonnes, la ſervitude ſera conſervée à chaque portion; mais dans le même endroit. Elle étoit dûe pour l'uſage de toutes les parties du fonds.

Si le propriétaire d'un fonds ſujet à deux ſervitudes, comme de ne pouvoir hauſſer ſa maiſon au préjudice d'une vûe d'une maiſon voiſine, & comme d'en devoir recevoir les eaux; vient à acquérir la liberté contre la premiere ſervitude, il ne pourra préjudicier à la ſeconde, & il ne hauſſera qu'autant qu'il puiſſe toûjours recevoir les eaux.

Le propriétaire d'un fonds pour lequel il eſt dû une ſervitude, ne peut en uſer que ſuivant ſon titre, ſans rien innover dans le fonds aſſervi, ni dans le ſien propre qui empire la condition de la ſervitude; il peut ſeulement l'adoucir, & la rendre moindre.

Si le fonds aſſervi ſouffre quelque dommage par une ſuite naturelle de la ſervitude, comme ſi un toit eſt endommagé par la chûte d'une pluie extraordinaire qui s'écoule d'un toit voiſin dont il doit recevoir les eaux; celui qui a le droit de ſervitude ne ſera pas tenu de ces ſortes de dommages. Mais s'il avoit fait quelque changement de l'état des lieux contre le titre de la ſervitude, & que ce changement eût été l'occaſion d'un pareil dommage, il en ſeroit tenu.

Celui à qui il est dû quelque servitude ; non seulement ne peut en communiquer l'usage à aucun : mais il ne peut même l'étendre pour son propre usage au-delà du titre. Ainsi, celui qui a une prise d'eau pour un héritage, ne peut en user pour ses autres héritages ; & si la prise d'eau n'est que pour une partie d'un fonds, il ne peut s'en servir que pour celle-là.

La servitude cesse lorsque les choses se trouvent en tel état qu'on ne peut en user, comme si le fonds asservi vient à périr, ou le fonds pour l'usage duquel la servitude étoit établie ; & il en seroit de même si le fonds subsistant, la cause de la servitude venoit à cesser. Ainsi, par exemple, si une source où le voisin avoit droit de prendre l'eau venoit à tarir, il perdroit le droit d'entrer dans le fonds où étoit la source. Mais si elle venoit à renaître même après le tems de la prescription, la servitude seroit rétablie.

Les servitudes finissent aussi lorsque le maître du fonds asservi, ou celui du fonds pour lequel la servitude étoit dûe, devient le propriétaire de l'un & de l'autre.

Si après cette confusion le propriétaire revend l'héritage, il le vend libre.

Si entre le fonds asservi, & celui pour lequel la servitude est établie, il se trouve un autre fonds qui empêche l'usage de la servitude, elle est suspendue pendant cet obstacle. Mais si cet obstacle vient à cesser, celui à qui la servitude étoit dûe en reprend l'usage.

Les servitudes qui consistent en quelque action de la part de ceux à qui elles sont dûes, se prescrivent par la cessation de l'usage de la servitude, comme un passage, une prise d'eau. Mais les servitudes qui ne consistent qu'à fixer un état des lieux, où il ne puisse rien être innové, comme une servitude de ne pouvoir hausser un bâtiment à cause d'une vûe, une décharge des eaux d'une maison voisine ne se prescrivent jamais que par un changement d'état des lieux qui anéantisse la servitude, & qui dure un tems suffisant pour prescrire.

Si l'usage d'une servitude n'est pas continuel, mais par intervalles de quelques années, comme une servitude d'un passage pour aller à un bois taillis, de laquelle on n'use que lorsqu'il est en coupe, ou tous les cinq ans, ou tous les dix ans : la prescription ne s'acquiert pas par le tems ordinaire de dix ans : mais le tems doit être réglé à vingt ans, ou à plus, ou moins selon les prescriptions des lieux & leur usage, & selon les qualités, & les intervalles de la servitude.

Si un droit de servitude passe d'un propriétaire à un autre, le tems de la prescription qui avoit couru contre le premier, se joint au tems qui a couru contre le second, & la prescription s'acquiert contre lui par ces deux tems joints. Comme au contraire un second possesseur acquiert une servitude par la possession de son prédécesseur jointe avec la sienne.

Si l'héritage asservi est décrété, la servitude ne laisse pas de se conserver, car il est vendu comme il se comporte, & elle se conserve, à plus forte raison, si c'est le fonds pour lequel elle soit dûe qui soit décrété.

TITRE XIII.

Des Transactions.

LA transaction est une convention, entre deux, ou plusieurs personnes qui, pour prévenir, ou terminer un procès, reglent leur différend, de gré à gré, de la maniere dont ils conviennent, & que chacun d'eux préfere à l'espérance de gagner, jointe au péril de perdre.

LES transactions ne reglent que les différends qui s'y trouvent nettement compris par l'intention des parties, & elles ne s'étendent pas aux différends où l'on n'a pas pensé.

SI celui qui avoit, ou pouvoit avoir une difficulté avec plusieurs autres, transige avec un d'eux pour ce qui le regarde; la transaction n'empêchera pas que son droit ne subsiste à l'égard des autres, ou qu'il ne puisse ou le faire juger, ou en transiger d'une autre maniere. Ainsi, celui à qui deux tuteurs rendent compte d'une même administration, peut transiger avec l'un pour son fait, & plaider contre l'autre.

SI la personne qui a un différend, en transige avec celui quil croit être sa partie, & qui ne l'est pas, cette transaction sera inutile.

Si celui qui avoit transigé d'un droit qu'il avoit de son chef, acquiert par la suite un pareil droit du chef d'une autre personne, la transaction ne fera pas préjudice à son second droit.

On peut ajoûter à une transaction la stipulation d'une peine contre celui qui manquera de l'éxécuter, & en ce cas l'inéxécution donne droit d'exiger la peine suivant les regles des conventions.

Le créancier qui transige avec la caution, peut ne décharger que la caution. Mais s'il transige avec le débiteur même, la transaction sera commune à la caution, parce que son obligation n'est que l'accessoire du principal débiteur.

Les transactions ont la force des choses jugées, parce que l'engagement qui délivre d'un procès est tout favorable.

Les transactions où l'un des contractans a été engagé par le dol de l'autre, n'ont aucun effet. Ainsi, celui qui par une transaction abandonne un droit qu'il n'a pû soûtenir faute d'un titre retenu par sa partie, rentreroit dans son droit si cette vérité venoit à paroître.

Si celui qui avoit un droit acquis par un testament qu'il ignoroit, déroge à ce droit par une transaction avec l'héritier, cette transaction sera sans effet lorsque le testament viendra à paroître, quand même il auroit été inconnu à l'héritier.

Si celui qui, par une transaction générale de toutes les affaires que les parties pourroient avoir ensemble, déroge à un droit acquis par un titre qu'il ignoroit : mais qui n'étoit pas retenu par la partie, & vient ensuite à recouvrer ce titre, la transaction subsistera.

Si on a transigé sur un fondement de pieces fausses qui ayent passées pour vraies, & que la fausseté se découvre dans la suite ; celui qui s'en plaindra pourra faire résoudre la transaction en tout ce qui aura été réglé sur ce fondement. Mais s'il y avoit d'autres chefs dans la transaction qui en fussent indépendans, ils subsisteront.

Les transactions ne sont pas résolues par la lésion que souffre l'un des contractans en donnant plus que ce qu'il pouvoit devoir, ou recevant moins que ce qui lui étoit dû, si ce n'est qu'il y eût du dol: par l'Ordonnance de Charles IX. de 1560. la lésion sans dol, ni force ne suffit pas pour résoudre la transaction.

Les transactions qui ne sont faites que pour colorer une acte illicite, & pour faire passer sous le nom & l'apparence de transaction une autre espece de convention défendue par quelque loi, sont nulles, comme si une donation étoit faite sous le titre d'une transaction en faveur d'une personne à qui on ne pourroit donner.

Si après un procès jugé à l'insû d'une partie, elles en transigent, la transaction subsistera si on pouvoit appeller : mais s'il n'y avoit point de voie d'appel, comme si l'affaire étoit jugée par un arrêt, la transaction sera nulle.

TITRE XIV.

Des Compromis.

LE compromis eſt une convention par laquelle les perſonnes qui ont un procès, ou un différend, nomment des arbitres pour le terminer, & s'obligent réciproquement, ou à éxécuter ce qui ſera arbitré, ou a une peine d'une ſomme que celui qui contreviendra à la ſentence arbitrale ſera tenu de payer à l'autre qui voudra s'y tenir.

LES parties qui ſont en compromis expliquent leurs prétentions, & les inſtruiſent, comme on fait en Juſtice par des écritures & productions en y obſervant l'ordre dont ils conviennent, de gré à gré, ou qui eſt réglé par les arbitres.

L'EFFET du compromis eſt d'obliger au payement de la peine, celui qui refuſera d'éxécuter la ſentence arbitrale.

ON peut compromettre, ou en général de tous différends, ou ſeulement de quelques-uns en particulier, & le pouvoir des arbitres eſt borné à ce qui eſt expliqué par le compromis.

LE compromis, & le pouvoir qu'il donne aux arbitres, finit lorſque le tems qu'il donnoit eſt expiré, quoique la Sentence n'ait pas été rendue.

LE compromis finit auſſi par la mort de l'une des parties, & il n'oblige point celui qui ſurvit envers les héritiers de l'autre, ni ces héritiers envers lui, si ce n'est qu'il eût été autrement convenu par le compromis.

On ne peut compromettre sur des accusations de crime, comme d'un homicide, d'un vol, d'un sacrilége, d'un adultere, d'une fausseté & autres semblables.

On ne peut non plus compromettre des causes qui regardent l'état des personnes, comme s'il s'agissoit de savoir si un homme est légitime ou s'il est bâtard, s'il est Religieux profès ou s'il ne l'est point, s'il est gentilhomme ou roturier; ni de celles dont la conséquence peut interesser l'honneur ou la dignité.

Les arbitres doivent rendre leur sentence dans le tems réglé par le compromis, & elle seroit nulle, si elle étoit rendue après ce tems expiré.

Les parties peuvent donner pouvoir aux arbitres de proroger le tems, & en ce cas leur pouvoir dure pendant le tems de la prorogation.

Si le compromis regle un certain tems pour l'instruction de ce que les arbitres auront à juger, ils ne pourront rendre leur sentence avant ce délai.

Les arbitres ayant une fois donné leur sentence, ne peuvent plus la rétracter, ni rien changer; car leur pouvoir est fini. Il ne l'est pourtant pas par une sentence interlocutoire, & ils peuvent interloquer selon le besoin.

S'il y a plusieurs arbitres nommés par le compromis, ils ne pouront rendre leur sentence, sans que tous voient le procès, & le jugent ensemble, autrement elle seroit nulle.

LES arbitres ne peuvent connoître que de ce qui est soûmis à leur jugement par le compromis, & en gardant les conditions qui y sont réglées: s'ils jugent autrement, leur sentence est nulle.

TOUTES personnes peuvent être arbitres, à la réserve de ceux qui se trouvent dans quelque incapacité, ou infirmité qui ne leur permettroit pas cette fonction.

LES femmes qui, à cause du sexe, ne peuvent être juges, ne peuvent aussi être nommées arbitres par un compromis, quoiqu'elles puissent exercer la fonction d'expertes en ce qui peut être de leur connoissance, en quelque art, ou profession qui soit de leur fait. Car cette fonction n'est pas du caractere de celle du Juge.

PAR l'Ordonnance de François II. en 1560. confirmée par celle de Moulins art. 83. les parties qui ont des differends pour des partages de successions entre proches, pour des comptes de tutelle & autres administrations, restitution de dot & doüaire, sont tenus de nommer des arbitres, parens, amis ou voisins; & si l'une des parties étoit refusante, elle y seroit contrainte par les Juges.

CETTE Ordonnance ordonnoit la même chose entre marchands, pour les différends sur le fait de leurs marchandises. C'est par cette même Ordonnance que les appellations des sentences arbitrales se relevent aux Cours supérieures. Par l'Ordonnance de 1673. au titre des sociétés, art. 9. & suivans, les associés sont obligés de se soûmettre à des arbitres pour leurs contestations.

N. ON appelle aujourd'hui d'une sentence arbitrale, comme de celle d'un Juge inférieur, sans payer ni consigner la peine compromissoire, que les Cours Souveraines regardent comme comminatoire.

TITRE XV.

Des Procurations, Mandemens & Commissions.

LA procuration est un acte par lequel celui qui ne peut vaquer lui-même à ses affaires, donne pouvoir à un autre de le faire pour lui, comme s'il étoit lui-même présent, soit qu'il faille simplement gérer, ou prendre soin de quelque bien, ou de quelque affaire, ou que ce soit pour traiter avec d'autres.

LE Procureur constitué est celui qui fait l'affaire d'un autre, ayant pouvoir de lui.

LA convention qui fait les engagemens entre le Procureur constitué, & celui qui le constitue, se forme lorsque la procuration est acceptée; & si l'un & l'autre ne sont pas présens la convention est accomplie, lorsque le Procureur se charge de l'ordre porté par la procuration, ou qu'il l'exécute.

On peut donner pouvoir de traiter, agir ou faire autre chose, non seulement par une procuration en forme, mais par une simple lettre, ou par une personne tierce qui fasse savoir l'ordre, ou par d'autres voies qui expliquent la charge, ou le pouvoir qu'on donne; & si celui à qui on le donne l'accepte ou l'éxécute, le consentement réciproque forme en même tems la convention.

La procuration peut être conditionelle, & avec les modifications réservées, & autres clauses qu'on veut, pourvû seulement qu'il n'y ait rien d'illicite, & de mal honnête.

On peut constituer un Procureur, ou pour toutes affaires généralement, ou pour quelques-unes, ou pour une seule. Et le Procureur constitué a son pouvoir réglé selon les bornes de la procuration.

La procuration peut contenir, ou un pouvoir indéfini de faire ce qui sera avisé par le Procureur constitué, ou seulement un pouvoir borné à ce qui sera précisement exprimé par la procuration.

Les Procureurs exercent un office d'ami, leur fonction est gratuite, & si on leur donnoit un salaire ce seroit une espece de loüage: mais la récompense qui se donne sans convention, & par reconnoissance ne change pas la nature de la procuration.

On peut constituer un Procureur, non seulementpour l'intérêt seul de celui qui le constitue, mais quelquefois aussi pour l'intérêt même de celui qui est constitué, si l'un & l'autre sont intéressés en la même chose.

On peut par une procuration, mandement ou commiſſion, charger une perſonne de l'affaire d'un tiers, ſoit que celui qui donne l'ordre, & celui qui l'accepte y ayent intérêt ou non; & cet ordre met celui qui le donne dans un double engagement: car il l'oblige envers ce tiers de lui répondre de ce qui aura été mal géré par celui qu'il commet, & envers ce prépoſé, de lui répondre des ſuites de l'engagement où il le fait entrer, comme de faire ratifier ce qu'il aura géré, & de le faire rembourſer des dépenſes raiſonnables.

Celui qui s'eſt chargé envers l'ami d'un abſent de gérer une affaire, eſt tenu, ſelon les circonſtances, des dommages & intérêts que ſon inéxécution aura pû cauſer.

Le conſeil eſt diſtingué de la procuration en ce qu'il n'oblige point; s'il y avoit du dol de la part de celui qui conſeille, il en ſeroit pourtant tenu.

Celui qui donne une procuration qui eſt acceptée, eſt engagé d'approuver & de ratifier ce qui aura été fait par le Procureur, ſuivant le pouvoir qui lui aura été donné.

Le Procureur ſera rembouſé des dépenſes raiſonnables, quand même il n'auroit pas réuſſi, ſi ce n'eſt qu'il n'y eût de ſa faute: mais il ne recouvrera point les dépenſes inutiles qu'il aura faites ſans ordre.

Si les dépenſes faites par le Procureur conſtitué excede ce que le maître de la choſe y auroit employé s'il s'y étoit appliqué lui-même, il ne laiſſera pas d'être tenu de tout ce qui aura été dépenſé raiſonnablement & de bonne foi, quoiqu'avec moins de précautions & moins de ménage.

CELUI qui a conſtitué un Procureur, doit le rembourſer non ſeulement de l'argent dépenſé, mais auſſi des intérêts ſelon les circonſtances; ſoit à cauſe des intérêts que le Procureur a pû payer en empruntant, ſoit pour le dédommager de la perte que l'avance qu'il a pû faire de ſon argent lui aura cauſée.

SI pluſieurs ont conſtitué un Procureur, ils ſeront obligés ſolidairement envers le Procureur conſtitué.

SI le Procureur conſtitué ſouffre quelque perte à l'occaſion de l'affaire dont il s'eſt chargé; on jugera par les circonſtances ſi la perte devra tomber ou ſur lui, ou ſur celui de qui il faiſoit l'affaire.

LE Procureur conſtitué a la liberté de ne pas accepter le pouvoir qui lui eſt donné. Mais s'il l'accepte il eſt obligé de l'exécuter, & s'il y manque il ſera tenu des dommages & intérêts qu'il aura cauſés pour n'avoir point agi; ſi ce n'eſt qu'une excuſe légitime, comme une maladie, ou autre juſte cauſe l'en déchargent.

LA procuration, ou autre ordre, doit être exécutée en ſon entier, ſuivant l'étendue, ou les bornes du pouvoir donné.

SI le pouvoir eſt défini, le Procureur doit s'y tenir: mais s'il eſt indéfini, il peut y donner les bornes, & l'étendue qu'on peut raisonnablement présumer conforme à l'intention de celui qui l'a donné.

Les Procureurs constitués doivent apporter dans les affaires dont ils sont chargés, non seulement de la bonne foi, de la diligence & de l'exactitude ; & s'ils sont paresseux dans leurs propres affaires, ils doivent être soigneux dans celles des autres, & ils répondent du dommage que leur négligence aura pû causer ; mais non pas des cas fortuits.

Il suffit que le Procureur constitué apporte dans les affaires dont il est chargé une application raisonnable, & la conduite que le bon sens peut demander, sans qu'il soit obligé de rechercher jusques aux dernieres subtilités pour l'intérêt de celui qui l'a préposé.

Le Procureur constitué peut faire la condition meilleure de celui dont il a charge : mais non l'empirer.

Si celui qui avoit le pouvoir d'acheter à un certain prix achete plus cher, & que celui qui avoit donné pouvoir refuse de ratifier ; il sera libre au procureur de se restraindre à recouvrer le prix qu'il avoit pouvoir de donner : & en ce cas la ratification ne pourra être refusée, s'il n'y a pas d'autres circonstances.

Le Procureur constitué doit rendre compte, & restituer de bonne foi ce qu'il a reçû en vertu de sa procuration. Et s'il a été convenu d'un salaire, on le lui doit payer : & en ce cas, il ne recouvrera pas les dépenses qui doivent être prises sur les salaires.

CELUI qui est Procureur dans un procès ne peut stipuler une portion de ce qui est en contestation. C'est cette convention si odieuse, qu'on appelle vulgairement *pactum de quota litis.*

LES Avocats, & les Procureurs ne peuvent traiter de cette maniere, non plus qu'acheter des droits litigieux.

TOUT Procureur constitué peut faire tout ce qui se trouve compris, ou dans l'expression, ou dans l'intention de celui qui l'a proposé; ainsi, un Procureur général peut exiger les dettes, déférer un serment en Justice, payer ce qui est dû.

UN Procureur général ne peut faire une demande en rescision, ou restitution en entier ; il ne peut pas non plus transiger, ni alliénner : mais il peut vendre les fruits, & autres choses qui peuvent facilement se corrompre, & qu'un bon pere de famille ne doit point garder.

LE pouvoir du Procureur constitué finit par la révocation de celui qui l'a choisi. Mais si le Procureur avoit déja exécuté l'ordre, ou commencé de l'exécuter avant que la révocation lui soit connue, elle sera sans effet à l'égard de ce qui aura été exécuté, & il sera indemnisé de l'engagement où cet ordre l'avoit fait entrer.

CELUI qui ayant constitué, en constitue un autre pour la même affaire, révoque par là le premier. Mais si le premier avoit déja exécuté l'ordre avant que la révocation lui fût connue; celui qui l'avoit constitué ne pourra le désavouer.

Le Procureur constitué ou autre préposé après avoir accepté la procuration, ou commission peut s'en dégager sans autre cause que sa volonté pourvû que ce soit sans fraude, & qu'il laisse les choses entieres, & en tel état que le maître puisse y pourvoir, ou par soi-même, ou par quelqu'autre; & si le Procureur constitué, ou autre préposé laisse l'affaire en péril, il sera tenu du dommage qui en pourra arriver.

Si le Procureur constitué, ou autre préposé, veut se décharger de la procuration, ou commission qu'il avoit acceptée; il ne le pourra qu'en le faisant savoir à celui qui l'avoit préposé.

Si celui qui avoit accepté une procuration, ou un autre ordre, ne peut l'exécuter à cause d'un empêchement qui lui soit survenu, & qu'il ne puisse le faire savoir; les pertes qui pourront suivre de l'inexécution de l'ordre regarderont le maître, parce que sont des cas fortuits.

Les procurations & autres ordres finissent par la mort, soit de celui qui avoit donné l'ordre, ou de celui qui s'en étoit chargé.

Si le Procureur constitué, ou autre préposé qui ignore la mort de celui qui l'avoit chargé, ne laisse pas d'exécuter l'ordre, ce qu'il aura fait de bonne foi dans cette ignorance sera ratifié.

Si le Procureur constitué, ou autre préposé vient à mourir avant que d'avoir exécuté l'ordre, & que son héritier ignorant que le pouvoir étoit fini par cette mort, s'ingere à l'exécuter, ce qu'il aura fait sera annullé.

TITRE XVI.

Des personnes qui exercent quelques commerces publics, & de leurs commis, ou autres personnes préposées, & des lettres de change.

IL se forme une convention entre l'hôtelier & le voyageur, par laquelle l'hôtelier s'oblige au voyageur de le loger, & de garder ses hardes, chevaux & autres équipages ; & le voyageur de sa part s'oblige de payer sa dépense.

CET engagement se forme d'ordinaire sans convention expresse par la seule entrée du voyageur dans l'hôtellerie, & par le dépôt des hardes, & autres choses mises entre les mains de l'hôtelier, ou de ceux qu'il charge du soin de l'hôtellerie.

L'HÔTELIER est tenu du fait des personnes de sa famille, de celui de ses domestiques, selon les fonctions qui leurs sont commises.

MAIS, si un voyageur mettant pié à terre donne un sac d'argent à un enfant, à un marmiton hors de la vûe du maître & de la maîtresse, l'hôtelier ne sera pas tenu d'un sac de cette conséquence déposé de cette maniere.

L'HÔTELIER est obligé de garder avec tout le ſoin poſſible ce qu'on lui confie, il eſt obligé d'avoir un plus grand ſoin qu'un ſimple dépoſitaire. Il eſt tenu non ſeulement de ſes fautes ; mais de la moindre négligence, ſoit de ſa part, ou de ſes gens ; & il n'eſt déchargé de ce qui peut arriver par des cas fortuits ou imprevûs.

SI quelqu'un des domeſtiques, ou de la famille de l'hôtelier cauſe quelque perte à un voyageur, comme s'il lui dérobe de ce qui n'étoit pas même donné à garder dans l'hôtellerie, ou s'il endommage ſes hardes, l'hôtelier ſera tenu de la valeur de la choſe perdue ou du dommage qui ſera arrivé.

L'ENGAGEMENT de l'hôtelier pour le fait de ſes domeſtiques eſt borné à ce qui ſe paſſe dans ſon hôtellerie, il n'eſt point tenu de ce qu'ils font en quelqu'autre lieu.

LE maître d'un vaiſſeau, ou autre bâtiment qui ſe charge de voiturer ſur mer des perſonnes, des hardes, ou des marchandiſes, répond de ce qui eſt reçû dans ſon bord par lui, ou ſes prépoſés. Ce qui ne s'entend pas des rameurs, par exemple dans une galere, car ils ne ſont pas commis pour ce ſoin. Et il eſt tenu de tout ce qui peut arriver de perte, ou de dommage dans ſon bâtiment, ou ſur le port, ſi les hardes, ou marchandiſes y ont été reçûes ; de même que ſont tenus les hôteliers.

LE maître du vaiſſeau eſt tenu du fait de ſes commis, & autres prépoſés, & des perſonnes qu'il emploie à l'uſage du vaiſſeau, ou de la navigation,

gation; & ſi quelqu'un d'eux cauſe quelque perte, ou quelque dommage dans ſon bord, il en répondra.

TOUS les voituriers par mer, par terre, ou ſur des rivieres répondent des hardes & des marchandiſes qu'on leur confie; ils ſont tenus du ſoin, de l'expérience & de l'induſtrie que demande leur profeſſion. Ainſi, celui qui navigeroit ſans un pilote, & celui qui ſur terre ſeroit volé, voiturant la nuit, ou hors la route en lieux périlleux, ſeroient reſponſables des cas fortuits, ſi de telles fautes y avoient donné lieu.

CEUX qui tiennent des vaiſſeaux marchands pour quelque commerce, ceux qui pour quelque trafic ont des magaſins ou boutiques, ſont repreſentés en ce qui regarde ces commerces par ceux qu'ils commettent, de telle ſorte que le fait de ces prépoſés eſt le leur propre. Ainſi, ils ſont obligés de ratifier ce qui a été fait avec leurs commis, par-là ils répondent du fait, du dol, & des tromperies des perſonnes qu'ils ont prépoſées.

SI celui qui eſt prépoſé ſur un vaiſſeau, ſoit pour les voitures, ou pour le commerce en commet un autre en ſa place pour exercer ſa fonction, le fait de ce ſecond, qui eſt commis par le premier obligera le maître, de même que le fait du premier quoiqu'il n'eût pas le pouvoir d'en commettre un autre. Mais cette regle ne s'étend pas indiſtinctement aux commis à des affaires ſur terre, où la néceſſité de traiter n'eſt pas la même, où il eſt plus facile de ſavoir qui eſt le commis, & quel eſt ſon pouvoir.

Si le préposé étoit un mineur, ses engagemens engageroient le maître, de même que s'il étoit majeur, & il en seroit de même si l'on avoit préposé à un commerce une femme en puissance de mari.

Par l'Ordonnance de 1673. au titre des apprentis négocians, &c. art. 6. tous négocians en gros & en détail, comme aussi les banquiers sont réputés majeurs pour le fait de leur commerce & banque, sans qu'ils puissent être restitués sous prétexte de minorité; cela regarde aussi les femmes mariées.

Si plusieurs maîtres d'un commerce, ou autre affaire commune entr'eux, se sont servis d'un seul préposé; son fait obligera chacun des maîtres solidairement.

Si deux ou plusieurs maîtres exercent eux-mêmes en société de ces sortes de commerces publics, celui qui aura traité avec l'un des associés faisant pour la compagnie aura l'obligation solidaire de tous.

Les préposés qui ne traitent qu'en cette qualité ne sont pas tenus en leurs noms des engagemens où ils entrent pour le fait de leurs commissions, & au nom des maîtres.

Le pouvoir des préposés est fini par leur révocation : mais si après qu'ils sont révoqués, ils traitent avec des personnes qui ignorent la révocation, ce qu'ils auront géré obligera le maître ; si ce n'est que la révocation ait été publiée, si c'étoit l'usage, ou que par d'autres circonstances celui qui a traité avec le préposé dût se l'imputer.

LES banquiers, ou autres qui reçoivent de l'argent, à condition de faire délivrer la somme dans un certain tems, & en autres lieux par eux, ou leurs correspondans, sont obligés de l'aquitter, ou faire acquitter au jour & au lieu; & s'ils y manquent ils sont tenus des dommages & intérêts de celui qui avoit donné l'argent à cette condition, selon que ces dommages & intérêts seront réglés, ou par les loix, ou par les usages.

TITRE XVII.

Des Proxenetes, ou Entremetteurs.

L'ENTREMETTEUR est celui qui étant employé par des personnes qui ménagent des intérêts opposés, est comme le commis des uns, & des autres, pour négocier le commerce, ou l'affaire dont il s'entremet. Ainsi, son engagement est double, & consiste à conserver envers toutes les parties la fidélité dans l'exécution des choses dont chacun veut le charger. Et son pouvoir n'est pas de traiter; mais d'expliquer les intentions de part & d'autre, & de négocier pour mettre ceux qui l'emploient en état de traiter eux-mêmes.

L'ENTREMETTEUR ne doit se mêler que des commerces licites & honnêtes, & par les voies permises pour les traiter; & toute entremise pour des commerces illicites, & par de mauvaises voies, ne forme d'autre engagement que celui de réparer le mal qui en eſt ſuivi, & de ſubir les peines que merite l'entremiſe illicite ſelon la qualité du fait.

Les entremetteurs ne ſont pas reſponſables des événemens des affaires dont ils s'entremettent ; ſi ce n'eſt qu'il y eût du dol de leur part, ou quelque faute qui pût leur être imputée. Ils ne ſont pas non plus garants de l'inſolvabilité de ceux à qui ils font prêter de l'argent ou autre choſe, quoiqu'ils reçoivent un ſalaire de leur entremiſe, & qu'ils parlent en faveur de celui qui emprunte.

Ceux qui emploient des entremetteurs ſont obligés de ratifier ce qui ſe trouve fait ſuivant le pouvoir qu'ils leur avoient donné, de même que ceux qui conſtituent des Procureurs.

Celui qui a employé un entremetteur, lui doit un ſalaire, ou tel qu'il a été convenu, ou ſelon qu'il eſt réglé, ſi l'entremetteur eſt un officier qui ait ſon droit taxé.

TITRE XVIII.

Des vices des Conventions.

L'ERREUR, ou ignorance de fait consiste à ne pas savoir une chose qui est, comme si un héritier institué ignore le testament qui le fait héritier, ou si connoissant le testament, il ignore la mort de celui à qui il succede.

L'ERREUR, ou ignorance de droit consiste à ne pas savoir ce qu'une Loi ordonne, comme si un donataire ignore qu'il faut insinuer une donation.

L'IGNORANCE de droit ne doit s'entendre que du droit positif, & non du droit naturel que personne ne peut ignorer.

LES mineurs sont relevés de leurs conventions qui tournent à leur préjudice, soit qu'ils errent dans le fait comme dans le droit.

A l'égard des mineurs, si l'erreur de fait est telle qu'il soit évident que celui qui a erré n'a consenti à la convention que pour avoir ignoré la vérité d'un fait, de sorte que la convention n'ait pas d'autre fondement qu'un fait contraire à cette vérité qui étoit inconnue, cette erreur suffira pour annuller la condition, parce qu'elle n'a pour fondement qu'une fausse cause.

SI l'erreur de fait n'a pas été la seule cause de la

convention, & qu'elle en ait quelqu'autre indépendante du fait qu'on a ignoré, cette erreur n'empêchera pas que la convention n'ait tout ſon effet. Ainſi, ceux qui tranſigent de toutes affaires en général ne peuvent ſe plaindre d'avoir erré dans le fait de quelqu'une en particulier. Ainſi, l'héritier qui a vendu l'hérédité n'en ſera pas relevé pour avoir ignoré des effets qui en faiſoient partie.

L'IGNORANCE des faits eſt préſumée lorſqu'il n'y a pas des preuves contraires : mais cette préſomption, toûjours naturelle dans les faits qui ne nous touchent point, n'a pas lieu de même pour ceux qui nous regardent, & chacun eſt préſumé ſavoir ce qui eſt de ſon fait.

SI c'eſt par le dol de l'un des contractans que l'autre a été trompé par une erreur de fait, comme ſi l'un retenoit caché le titre de l'autre, la convention ſera annullée, & celui qui a retenu ce titre ſera tenu de tous les dommages & intérêts qui auront été les ſuites de ce dol.

L'ERREUR de calcul eſt la mépriſe qui fait qu'en comptant on met un nombre au lieu d'un autre qui étoit le vrai qu'on auroit mis ſans cette mépriſe, ce qui eſt une eſpece d'erreur de fait différente de toute autre erreur, en ce qu'elle eſt toûjours réparée.

L'ERREUR de droit ne ſuffit pas de même que l'erreur de fait pour annuller les conventions, car les plus habiles peuvent ignorer les faits : mais perſonne n'eſt diſpenſé de ſavoir les Loix, & l'on y eſt aſſujetti quoiqu'on les ignore.

L'IGNORANCE des Coûtumes, & des Ordonnances est une ignorance de droit.

SI l'ignorance, ou l'erreur de droit est telle qu'elle soit la cause unique d'une convention où l'on s'oblige à une chose que l'on ne doit pas, & qu'il n'y ait eu aucune autre cause qui pût fonder l'obligation; la cause étant fausse elle sera nulle. Ainsi, par exemple, si celui qui achette un fief dans une Coûtume, où il n'est dû aucun droit pour cette acquisition, va trouver le Seigneur dominant, & compose avec lui d'un droit de relief qu'il croit être dû; cette convention qui n'a aucun fondement que cette erreur seule, n'obligera pas à ce droit de relief qui n'étoit point dû.

CETTE regle a aussi lieu pour empêcher que celui qui erre ne soit privé d'un droit qu'il ignore avoir. Ainsi, par exemple, si le neveu d'un absent prend soin de ses affaires, & que l'absent vienne à mourir; si son frere, comme héritier, demande à son neveu le compte de ce qu'il a géré des biens du défunt, & que le neveu rende ce compte, & restitue à son oncle tout ce qu'il avoit de cette succession, faute de savoir qu'il succédoit aussi avec lui par le droit de réprésentation de son pere, frere du défunt, il pourra dans la suite, étant averti de son droit, demander sa part de la succession.

SI par une ignorance de droit on s'est fait quelque préjudice qui ne puisse être réparé, sans blesser le droit d'une autre personne, cette erreur ne changera rien au préjudice de cette personne.

SI l'erreur de droit n'a pas été l'unique cause de

la convention, & que celui qui s'eſt fait quelque préjudice puiſſe avoir eu quelqu'autre motif, l'erreur ne ſuffira pas pour annuller la convention.

On appelle force, toute impreſſion illicite qui porte une perſonne contre ſon gré, par la crainte de quelque mal conſidérable, à donner un conſentement qu'elle ne donneroit pas ſi la liberté étoit dégagée de cette impreſſion.

Toute convention où l'un des contractans n'a conſenti que par force eſt nulle; & celui qui a exercé la force en ſera puni ſelon la qualité du fait, & ſera tenu de tous les dommages & intérêts qu'il aura cauſés.

Quoiqu'on ne ſe porte pas à des violences, ou à des menaces qui mettent la vie en péril; ſi on uſe d'autres voies qui mettent une perſonne dans la crainte de quelque mal qui l'oblige à un conſentement forcé, ce conſentement ſera ſans effet, & celui qui aura uſé d'une telle voie, ſera condamné aux dommages & intérêts, & autres peines que demande la qualité du fait, parce que les Loix ne ſouffrent aucune ſorte de violence, ni l'uſage d'aucune force aux particuliers pour ſe faire juſtice. Et quoique dans le Droit Romain on ne conſidere comme des violences ſuffiſantes pour annuller un conſentement, que celles qui pourroient imprimer une terreur aux ames les plus courageuſes. Dans notre Juriſprudence fondée ſur d'autres regles du Droit Romain qui défendent toutes les voies de fait, l'on réprime les violences qui troublent même les perſonnes timides, & l'on rend nul le consentement qu'on leur a extorqué.

Si un Magistrat abuse de son autorité pour intimider une personne, & en extorquer un consentement, ce consentement sera nul, & l'Officier tenu du dommage qu'il aura causé, & de la peine qu'une semblable malversation pourra mériter.

Si la violence, & les menaces sont exercées sur d'autres personnes que celui de qui on veut extorquer le consentement, & qu'on l'intimide en lui faisant voir ces personnes exposées à quelques mauvais traitemens, comme si c'est sa femme ou son fils, ou une autre personne de qui le mal doive le toucher, le consentement donné par de telles voies sera annullé, avec les dommages & intérêts, & les autres peines selon les circonstances.

Tout ce qui aura été fait par force sera non seulement nul à l'égard de ceux qui auront exercé la violence : mais aussi à l'égard de toute autre personne qui prétendroit s'en prévaloir.

Les effets de la force se jugent par les circonstances qu'il faut examiner mûrement.

Si la violence a été exercée au lieu des voies de la Justice pour forcer celui qui refusoit une chose juste, comme un débiteur de payer ce qu'il devoit, ceux qui en auront usé seront tenus des dommages & intérêts, & punis des peines que la voie de fait pourra mériter, & de la perte même d'une telle dette exigée par de semblables voies, selon que la qualité du fait pourra y donner lieu.

Le conseil & l'autorité des personnes respectables, comme d'un Magistrat, ou d'un pere auxquels on a déféré dans un contrat, ne suffisent pas pour annuller le consentement qu'on a donné.

Tout ce qui se fait par l'obéissance qu'on doit à la Justice, & à l'ordre du Juge dans l'étendue de sa jurisdiction, ne peut être prétendu fait par violence.

On appelle dol toute surprise, fraude, finesse & toute autre mauvaise voie pour tromper quelqu'un.

Dans tous les cas où il s'agit de savoir s'il y a du dol, il dépend du Juge de le reconnoître, & de le reprimer selon les circonstances; & comme on ne doit pas donner facilement atteinte aux conventions pour tout ce qui ne seroit pas dans les bornes d'une parfaite sincérité: on ne doit pas aussi souffrir que la simplicité, & la bonne foi soient exposées à la duplicité.

Comme le dol est une espece de délit, il n'est jamais présumé, s'il n'y a des preuves.

Il faut distinguer le dol personnel de la lésion qui arrive sans le fait des contractans, qu'on appelle *dolus reipsa*, comme si l'acheteur étoit lésé par le vice de la chose vendue, quoique le vendeur ignorât ce vice : il y a cette différence entre ces deux especes de lésion, que celle où il n'y a point de dol personnel, fait simplement résoudre les conventions avec les dommages & intérêts s'il y en a lieu; & que le dol personnel peut être réprimé par des peines.

Le ſtellionat eſt une eſpece de dol dont uſe celui qui cede, vend, ou engage la même choſe qu'il avoit déja cédée, vendue & engagée ailleurs, & qui diſſimule cet engagement : & c'eſt auſſi un ſtellionat de donner en gage une choſe pour une autre, ſi elle vaut moins, comme du cuivre doré pour vermeil doré ; ou de donner en gage la choſe d'autrui.

Si la choſe engagée à un ſecond créancier après avoir été engagée à un autre, ſuffit pour tous les deux, ce ne ſera pas un ſtellionnat ; le ſtellionnat n'annulle pas ſeulement les conventions où il ſe rencontre, mais il eſt de plus puni ſelon les circonſtances.

Il y a deux ſortes de conventions illicites; celles qui bleſſent le droit naturel, & celles qui bleſſent le droit poſitif ou humain.

Tout ce qui eſt contraire à une Loi n'eſt ; pas illicite : mais ce qui bleſſe l'eſprit, & l'intention de la Loi, & qui eſt tel que la Loi le défende ; ainſi, cette convention qu'un vendeur ne garantira que de ſes faits & promeſſes, fait, entre le vendeur & l'acheteur, une regle contraire à la Loi qui veut que le vendeur garantiſſe de toute éviction : mais cette convention ne laiſſe pas d'être licite : car cette Loi n'étant qu'en faveur de l'acheteur, il peut renoncer à ce qu'elle ordonnoit pour lui, & c'eſt ce que les Loix ne défendent pas.

Les conventions illicites n'obligent à rien qu'à réparer le mal qui en ſuit, & aux peines que peuvent mériter ceux qui les ont faites.

Si la convention eſt illicite de la part de celui qui reçoit, & non de celui qui donne, celui qui a donné peut faire rendre, quoique celui qui a reçû ait exécuté la convention. Mais ſi la convention eſt illicite de part & d'autre, comme ſi une perſonne donne de l'argent à ſon Juge pour lui faire gagner ſa cauſe ; celui qui a donné eſt juſtement dépouillé de ce qu'il avoit employé pour un tel commerce, & il ne peut le répéter, & celui qui a reçû ne peut profiter du prix de ſon crime : mais l'un & l'autre ſeront punis par les reſtitutions, & les autres peines qu'ils pourront mériter.

C'est là l'eſprit de notre Juriſprudence, quoiqu'il ſoit dit dans quelque Loi du Droit Romain, que dans le cas où la convention eſt illicite de part & d'autre; la condition de celui qui a reçû eſt meilleure que celle de celui qui a donné.

LIVRE SECOND.

DES ENGAGEMENS QUI SE FORMENT SANS CONVENTION.

TITRE PREMIER.

Des Tuteurs.

DANS le Droit Romain, on ne donnoit des tuteurs qu'aux impuberes, & non aux adultes, & la tutelle finissoit à la puberté. A l'égard des adultes jusqu'à l'âge de vingt-cinq ans, qui est la pleine majorité, on ne leur donnoit que des curateurs, & seulement en deux cas; l'un quand eux-mêmes y consentoient, & l'autre lorsque les personnes qui avoient des affaires à régler avec eux en faisoient nommer pour exercer contre ces curateurs les actions qu'ils avoient contre les mineurs. Mais le tuteur étant déchargé par la puberté de son mineur, ne pouvoit être nommé son curateur, s'il ne le vouloit; il étoit seulement tenu, après sa tutelle finie, d'avertir le mineur de demander un curateur; & s'il y avoit des affaires commencées, il devoit en prendre soin jusques à ce qu'il y eût un curateur nommé à sa place. Mais dans plusieurs usages la tutelle dure jusques à vingt-cinq ans accomplis.

DANS le Droit Romain celui qui avoit été nommé tuteur par le pere dans son testament étoit préféré à tout autre, & au défaut de cette nomination l'on choisissoit le plus proche parent, & s'ils étoient plusieurs parens au même dégré ils étoient tous appellés. *Dans notre usage* les parens sont tous assemblés devant le Juge pour faire une nomination de tuteur, & l'on ne suit pas toûjours la volonté du pere qui auroit nommé un tuteur, ni l'ordre de la proximité des parens, ce qui fait qu'on dit que les tutelles sont datives en France.

DANS notre usage c'est le devoir des Procureurs du Roi, ou des Procureurs Fiscaux, & des Seigneurs de pourvoir les pupiles & mineurs de tuteurs. Dans le Droit Romain ce soin regardoit les meres, les parens, les amis, les affranchis.

LE tuteur est celui à qui on commet le soin de la personne & des biens du mineur, & cette charge s'appelle tutelle.

LE mineur est celui qui n'a pas encore vingt-cinq ans accomplis, & qui étant en cet état, c'est-à-dire, en minorité à la mort de son pere, est mis en tutelle.

ON peut nommer pour tuteurs des étrangers, faute de parens ou d'alliés ; & si dans le lieu du domicile du mineur, il n'y avoit aucune personne propre à être tuteur, on peut en choisir dans les lieux voisins.

On peut nommer à un seul mineur, un ou plusieurs tuteurs, si sa condition, & l'étendue de ses biens demandent l'administration de plusieurs personnes.

Outre les tuteurs ordinaires, on nomme quelquefois d'autres tuteurs qu'on appelle honoraires, pour les tutelles qui le méritent. Et leur fonction est de veiller sur l'administration de ceux qui gerent, & de les conseiller; & pour les distinguer on appelle ceux qui gerent tuteurs onéraires.

Tous les tuteurs de quelque maniere qu'ils ayent été appellés à la tutelle, doivent être confirmés en Justice par le Juge de la tutelle du mineur, qui est celui de son domicile.

Quelquefois les nominateurs se rendent certains de la solvabilité des tuteurs sans les obliger à donner caution. Quelquefois les tuteurs ne sont reçûs à la tutelle qu'en donnant cette sûreté; ce qui n'a lieu qu'à l'égard de ceux qui veulent bien accepter la tutelle à cette condition. Dans le Droit Romain tous les tuteurs devoient donner caution hors ceux qui étoient nommés par le testament du pere.

Si de deux ou plusieurs qui peuvent être nommés tuteurs, l'un offre de donner caution, les autres ne donnant pas une pareille sûreté, celui qui donnera caution sera préféré; s'il n'y a pas de raison d'en préférer un autre, soit pour les mœurs ou pour d'autres causes.

Le pere a l'administration des biens de ses enfans,

& il leur tient lieu à cet egard de tuteur légitime.

Le tuteur étant nommé, il prête serment en Justice de bien exercer cette charge, & de procurer en toute chose le bien du mineur.

Le tuteur doit prendre avis des parens, ou d'autres personnes pour régler l'éducation des mineurs, la conduite de leurs affaires, & l'emploi de leurs deniers, & tout ce qui peut recevoir quelque difficulté dans l'administration de la tutelle; & c'est sur les délibérations, & sur les avis de ces personnes qu'on examine la conduite des tuteurs, qu'on alloüe leurs dépenses, ou qu'on les rejette.

Et pour les choses plus importantes pour le mariage d'un mineur, pour l'aliénation de ses immeubles, & autres affaires de conséquence, on assemble devant le Juge, ou ces personnes, ou un plus grand nombre de parens pour donner leur avis qui sert de regle au tuteur.

Le pouvoir & l'autorité du tuteur s'étendent à tout ce qui peut être nécessaire pour le bon usage de son administration, & les Loix le considerent comme un pere de famille, & lui donnent même le nom de maître; mais à la charge de rendre compte de l'usage qu'il aura fait du pouvoir qui lui est donné.

Le tuteur peut faire les dépenses nécessaires, utiles, honnêtes pour faire les affaires, pour des réparations, pour des frais de voyage, pour les procès, & dans le doute de l'utilité ou nécessité il les fera régler: mais les dépenses ne peuvent excéder les revenus, si ce n'est en quelque cas de grande

grande néceſſité pour le bien du mineur

Le tuteur ne peut aliéner les immeubles des mineurs que pour des cauſes néceſſaires, comme pour payer des dettes ſi elles ſont preſſantes, ou onéreuſes, & ſeulement lorſque les deniers, les revenus, les dettes actives & les autres effets mobiliaires n'y peuvent ſuffire. Et en ce cas l'aliénation ſe fait de l'avis des parens, après que le tuteur a fait voir l'état des biens, & que la vente a été ordonnée en Juſtice.

Le tuteur peut toûjours faire la condition du mineur avantageuſe : mais il ne peut l'empirer en rien.

Si le tuteur abuſe de ſon pouvoir, ſoit par dol, mauvaiſe foi ou quelque faute, il en répondra; comme s'il manque de prendre conſeil dans une affaire qui le merite; s'il fait une mauvaiſe acquiſition; s'il intente, ou ſoûtient un mauvais procès.

Si le pere du mineur avoit réglé que le tuteur ſe régiroit par le conſeil de la mere du mineur, & qu'il demeureroit déchargé de l'évenement, il ne laiſſera pas d'être tenu de ce qui ſe trouvera mal géré par ce conſeil s'il eſt imprudent.

Le tuteur exerce ſon pouvoir pour les affaires du mineur en deux manieres, l'une en autoriſant ſon mineur préſent, & l'autre en agiſſant comme tuteur, ſoit que le mineur ſoit préſent ou non, & en l'un & l'autre cas, il eſt reſponſable de ce qu'il autoriſe, & de ce qu'il fait.

Le pouvoir & l'autorité du tuteur ont cet effet,

que tout ce qu'il gere eſt conſidéré comme le fait propre du mineur

L'AUTORITÉ du tuteur n'empêche pas que ſi le mineur ſe trouve léſé, en ce que le tuteur a géré même de bonne foi, ſoit avec le mineur ou ſans lui, le mineur ne puiſſe en être relevé s'il y en a lieu.

SI le tuteur avoit en ſon nom quelque prétenſion contre ſon mineur, il ne pourra l'autoriſer en rien de ce qui regardera ſon intérêt propre : mais en ce cas on nomme un curateur au mineur qu'on appelle autrement un tuteur ſubrogé pour le défendre contre ſon tuteur ; & ſi le mineur avoit deux, ou pluſieurs tuteurs, l'un d'eux le défendra contre l'autre. Mais s'il s'agiſſoit d'autoriſer le mineur pour accepter, par exemple, une ſucceſſion non onéreuſe dont le tuteur fût créancier, il pourroit autoriſer ſon mineur pour le rendre héritier, quoique par une ſuite de l'engagement à la qualité d'héritier, le mineur fût obligé envers lui.

LE tuteur ne peut accepter un tranſport contre ſon mineur, & s'il le fait il perdra la dette cédée, ſi ce n'eſt que les circonſtances le juſtifient; comme ſi le tuteur paie de ſes deniers pour faire ceſſer, ou pour prévenir une ſaiſie des biens du mineur.

CELUI qui a été nommé tuteur, & qui n'a point d'excuſe eſt obligé d'accepter la tutelle, & de l'exercer ; & il répondra non ſeulement de ce qu'il aura mal géré, mais auſſi de ce qu'il aura manqué de gérer.

Les meres des mineurs ont leur éducation quoiqu'elles ne soient pas tutrices, si ce n'est qu'il y eût de justes causes de les en priver, ce qui sera réglé par le juge, de l'avis des parens.

Si la mere du mineur a convolé en secondes nôces, l'éducation pourra lui être ôtée ou laissée, selon les circonstances.

Dans le Droit Romain le convolat ôtoit l'éducation à la mere.

L'education du mineur comprend ses alimens & son vêtement, le logement, les médicamens, les récompenses des précepteurs, l'entretien aux études & aux autres exercices, & généralement toutes les dépenses nécessaires & honnêtes, selon la qualité & les biens du mineur.

Si les biens du mineur s'augmentent ou se diminuent, les dépenses de l'éducation pourront être augmentées, ou diminuées à proportion, s'il est nécessaire.

Si le pere du mineur a réglé ce qui regarde son éducation, soit pour le lieu où il doit être élevé, ou pour la maniere, ou pour la dépense, il s'en faut tenir à sa disposition; à moins que de justes causes, qui seroient à l'avantage du mineur, ne défendissent de suivre la volonté du pere.

Si le mineur est sans biens, ou n'en a pas assez pour son entretien, le tuteur n'est pas obligé d'y fournir du sien.

Le tuteur ne répond pas des mauvais évenemens de ce qui aura été bien géré, ni des cas fortuits.

Le premier devoir du tuteur eſt de faire un inventaire des biens du mineur par l'autorité de la Juſtice, avant que de s'immiſcer dans la tutelle, afin qu'il ſache de quoi il eſt chargé, & qu'il en rende compte quand la tutelle ſera finie. Que ſi, avant l'inventaire, il arrivoit quelque affaire qui ne reçût point de retardement, le tuteur y pourvoira ſelon le beſoin.

L'inventaire des biens étant fait, tous les titres & papiers ſont remis au tuteur, tous les immeubles du mineur remis en la puiſſance & poſſeſſion du tuteur pour en prendre ſoin, & pour en recueillir les fruits.

Dans notre uſage les héritages des mineurs ſont baillés à ferme après des publications & de l'avis des parens, & le tuteur n'en joüit qu'au cas qu'il ne ſe trouve point de fermiers, & aux conditions que les parens reglent avec lui.

Comme les meubles peuvent périr, ou ſe perdre, & que d'ailleurs ils ne produiſent aucun revenu, les tuteurs doivent les faire vendre ſans retardement, pour en employer les deniers en fonds, ou en rentes. Cela eſt conforme à l'article 102. de l'Ordonnance d'Orleans, où il eſt dit que les tuteurs ſont tenus auſſi-tôt après l'inventaire de faire vendre par autorité de Juſtice les meubles périſſables, & d'employer les deniers en rentes, ou héritages de l'avis des parens.

Le tuteur ne peut ſe rendre acheteur des biens

de son mineur, ni en son nom, ni par personnes interposées.

Si parmi les choses mobiliaires, il y en avoit dont l'usage fût nécessaire pour le bien du mineur, comme des bestiaux dans une ferme, des caves pour les vendanges, & autres semblables, ces sortes de meubles seront conservés.

Si la tutelle ne doit durer que peu de tems, le mineur étant proche de sa majorité, & qu'il soit jugé plus utile de garder les meubles qui pourront lui être nécessaires, & qu'il faudroit même qu'il achetât, le tuteur pourra être déchargé de les vendre.

S'il est nécessaire, ou utile au mineur de conserver quelques meubles précieux, comme des pierreries ou des tableaux, on pourra les lui conserver.

Si le pere du mineur avoit fait quelque disposition pour empêcher la vente de ses meubles, le tuteur ne laissera pas d'être obligé de les vendre.

Si dans les biens du mineur, il se trouve des dettes actives qu'il soit plus utile de vendre, que de discuter, à cause du danger de faire des frais inutiles; ces sortes de dettes pourront être vendûes en gardant les formes, & réservant celles dont il seroit plus avantageux de charger le tuteur.

Tous les deniers qui proviendront de la vente des meubles, & des autres effets, & ceux qui se trouveront dans les biens du mineur seront employés par le tuteur à acquitter les dettes passives s'il y en a, & les autres charges. Et du surplus il sera fait un emploi en fonds, ou en rentes. Ce que le mineur pourroit devoir au tuteur doit être compris dans le nombre des dettes. l'Ordonnance d'Orleans veut que les tuteurs, & curateurs employent les deniers des mineurs en rentes ou héritages, de l'avis des parens & amis, à peine de payer en leur propre nom les profits des deniers. Mais elle défend l'emploi en intérêts usuraires par un prêt, comme étant illicites, art. 102.

Si la succession du pere du mineur est chargée de dettes, & que le tuteur étant du nombre des créanciers, compose avec les autres à quelque remise pour empêcher que le mineur ne renonce à la succession, il sera obligé de faire de sa part une pareille remise, si ce c'est que par des considérations particulieres, le conseil du mineur le reglât autrement.

Dans le Droit Romain le tuteur étoit obligé de déposer les revenus provenus des épargnes pour en faire l'emploi. *Mais dans notre usage* les deniers demeurent dans la puissance du tuteur, & il doit faire ses diligences pour en faire un emploi utile; autrement il sera tenu des intérêts des sommes qu'il aura manqué d'employer.

On donne un tems au tuteur pour faire l'emploi des deniers, s'ils proviennent du rachat des rentes, & autres sommes principales, cela dépend des circonstances, de la qualité des sommes, de la difficulté de l'emploi, sur quoi le tuteur doit prendre ſes précautions, de l'avis des parens. Et pour les ſommes qui viennent des épargnes on regle un tems pour les accumuler, & en faire un fonds, comme de trois en trois ans, & un délai de ſix mois pour la collocation en fonds ou en rentes, & ſi le tuteur n'a pas fait d'emploi, il eſt obligé de compter en ſon nom les intérêts de ces deniers après ces délais, étant préſumé qu'il les a tournés à ſon profit.

Si les revenus du mineur excedent la dépenſe, le tuteur eſt obligé d'accumuler ce qui reſte de bon chaque année pour en faire un capital; & s'il ſe trouve débiteur en ſon nom envers ſon mineur, il ſera tenu de comprendre, dans le fonds qui proviendra des revenus, les intérêts de ce qu'il devra lui-même.

Les rentes & les autres revenus qui proviendront des fonds que les épargnes auront produits, ſeront encore accumulés pour en faire des capitaux.

Si le tuteur ne fait point d'emploi, & ne prend pas les précautions néceſſaires pour ſa décharge, il ſera tenu en ſon nom des intérêts des deniers.

Si un mineur a deux ou pluſieurs tuteurs, & que par leur nomination on ait marqué à chacun ſa charge, ils auront leur adminiſtration diſtinguée, & aucun ne ſera tenu de celle des autres. Mais ſi la même adminiſtration eſt commiſe à deux ou à pluſieurs, ils en ſeront tous tenus ſolidairement, ſoit qu'ils la veuillent exercer enſemble, ou ſéparement, ou quelqu'autre convention qu'ils faſſent.

Si deux ou plusieurs tuteurs ont été nommés pour gérer solidairement, la solidité n'empêchera pas que le mineur venant à les poursuivre pour lui rendre compte ne soit obligé de diviser son action contre ceux qui auront gérés, & de les discuter chacun pour son administration, ou leurs héritiers avant que de poursuivre les uns pour les autres; si ce n'est qu'il y en eût d'insolvables: & s'il y en a qui n'aient point gérés, ils ne seront recherchés qu'après la discution de ceux qui auront gérés; que si les tuteurs avoient renoncé à ces bénéfices de division & de discution, ils pourront être poursuivis d'abord solidairement: mais soit que ces bénéfices aient lieu ou non, ceux qui auront payés pour les autres auront les droits du mineur pour agir contr'eux, & pour recouvrer ce qu'ils auront payés au-delà de leurs portions.

Si deux ou plusieurs tuteurs nommés pour une même administration, ne veulent ni gérer ensemble, & répondre les uns pour les autres, ni confier l'administration à l'un dont les autres répondent, & qu'il y en ait un qui offre de donner caution pour gérer seul, les autres ne donnant pas la même sûreté, il sera préféré, & gerera seul. Que si tous offrent de donner caution, le plus capable & le plus solvable par soi-même & par sa caution sera préféré; car il vaut mieux que la tutelle ne soit administrée que par un seul, & les autres seront déchargés de répondre de son administration. Mais si aucun ne donne caution, & qu'ils ne conviennent pas, ou de gérer tous ensemble, ou que l'un seul gere pour les autres, l'administration sera divisée, & en ce cas chacun ne sera responsable que de la ſienne ; ou ſi on en choiſit un ſeul pour gérer, les autres ne voulant pas répondre pour lui, ils ſeront déchargés.

QUOIQUE les tuteurs onéraires ne ſoient pas tenus d'exercer l'adminiſtration de la tutelle ; ſi néanmoins par la nomination d'un tuteur honoraire, on lui avoit preſcrit quelque fonction, & qu'il y eût manqué, ou que par une connivence, ou négligence inexcuſable, il eût diſſimulé la mauvaiſe conduite d'un tuteur onéraire, il pourroit en être tenu ſelon les circonſtances.

LE dernier engagement du tuteur eſt de rendre compte de ſon adminiſtration, de répondre de ce qu'il aura mal géré ou manqué de faire, d'aquitter les ſommes dont il ſera reliquataire avec les intérêts du jour de l'arrêté de compte, & de rendre les fruits dont il aura joüi ; & même ſi le pere du mineur, nommant un tuteur, l'avoit déchargé de rendre compte, il ne laiſſera pas d'y être obligé. *Dans notre uſage*, contraire en ce point à la diſpoſition du Droit Romain, quand le mineur devenu majeur auroit tranſigé avec ſon tuteur ſur l'adminiſtration de ſa tutelle, ou que par une quittance ou quelqu'autre acte, il l'auroit acquitté directement ou indirectement, ſans que le tuteur lui eût rendu compte, tous ces actes ſeroient annullés comme pour dol.

LE tuteur eſt obligé de rendre compte pendant ſon adminiſtration, lorſqu'il y a quelque occaſion qui peut y donner lieu ; comme ſi des créanciers du mineur veulent faire vendre, & ſaiſir ſes biens.

LES tuteurs doivent employer dans leur compte toutes les recettes qu'ils ont faites ou dû faire; & ils peuvent mettre en reprises ce qu'ils n'ont pû recevoir pour en être déchargés, comme s'ils ont fait les diligences nécessaires contre un débiteur qui se trouve insolvable, car ils ne doivent pas répondre des évenemens.

LE tuteur peut mettre dans son compte les dépenses qu'il a faites de l'avis des personnes choisies pour le conseiller, & celles qui ont été réglées en Justice, si ce n'est qu'il y eût quelque dol de sa part; que si quelque évenement rend inutiles les dépenses qui ont été faites raisonnablement, le tuteur ne laissera pas de les recouvrer.

TOUS les biens du tuteur sont hypotéqués depuis sa nomination pour tout ce qu'il pourra devoir par son compte.

SI la mere, tutrice de ses enfans, convole à des secondes nôces sans leur avoir fait nommer un tuteur, rendu compte de son administration, & acquitté ou assuré ce qu'elle pourroit leur devoir, les biens de son second mari seront hypotéqués envers les mineurs, pour tout ce qui se trouvera leur être dû par le compte, tant du passé que de l'avenir.

QUOIQUE cette regle soit pleine d'équité, elle n'est pas observée exactement.

LES cautions des tuteurs ne sont tenus que de ce que les tuteurs peuvent devoir à cause de leur administration pendant la tutelle.

SI les cautions des tuteurs ne sont obligés que

comme ſimples fidéjuſſeurs, ſans renonciation au bénéfice de diſcuſſion, ils ne pourront être recherchés qu'après une diſcuſſion des biens du tuteur. Dans l'ancien Droit Romain les cautions des tuteurs pouvoient être pourſuivis avant la diſcuſſion du tuteur. Mais la novelle 4. C. 1. a donné aux cautions indiſtinctement le bénéfice de diſcuſſion, ſans en excepter les cautions des tuteurs.

Ceux qui certifient que le tuteur eſt ſolvable ſont au nombre des cautions.

Si dans la nomination de tuteur il y avoit quelque malverſation de la part de ceux qui le nomment, comme ſi on nommoit une perſonne apparemment inſolvable, les nominateurs en ſeroient tenus. Mais avant que le mineur puiſſe agir contr'eux, il doit diſcuter le tuteur, & les cautions.

Le Droit Romain obligeoit le Magiſtrat à donner un tuteur ſolvable au mineur, & d'en prendre de bonnes cautions. *Mais dans notre uſage* le Magiſtrat ne fait que confirmer la nomination du tuteur choiſi par les parens, & prendre ſon ſerment : ainſi il n'eſt point tenu de la ſolvabilité du tuteur, à moins qu'il n'y eût quelque prévarication qui pût l'y obliger.

Les héritiers du tuteur ſont tenus de répondre de toute ſon adminiſtration, & même des dommages & intérêts pour ſon dol & pour ſa négligence, & de ce qu'il peut avoir manqué de gérer, & ils doivent rendre compte pour lui, s'il ne l'a point rendu.

S'il y a pluſieurs tuteurs tenus de la même administration, & que l'un d'eux ait une caution, les autres ne pourront être recherchés pour le fait de ce tuteur qu'après la discussion du fidéjusseur.

Les mineurs sont obligés d'approuver & ratifier, après leur minorité, tout ce que les tuteurs ont géré raisonnablement, de leurs alloüer toutes les dépenses utiles & nécessaires.

Si la tutelle demande le secours d'un homme d'affaires, le mineur allouera à son tuteur les salaires d'un homme d'affaires, quand même le tuteur n'auroit point en effet d'homme d'affaires.

Si le tuteur avoit été obligé du chef du mineur de fournir des alimens à la mere, aux freres, ou sœurs du mineur, il recouvrera les dépenses des alimens, suivant qu'elles auront été réglées; car c'est notre usage de les régler.

Si le tuteur, pour faire des avances & dépenses raisonnables, a été obligé d'emprunter, les intérêts des avances lui seront alloüées jusqu'à ce qu'il ait du fonds, des revenus ou d'ailleurs de quoi le rembourser.

Le tuteur a son hypoteque sur les biens du mineur, pour les sommes que le mineur pourra lui devoir par son compte, & il est préféré à tous les créanciers que le mineur, devenu majeur, pourroit avoir avant que le tuteur lui eût rendu compte.

Le tuteur a aussi un privilége pour les deniers qu'il a employés au recouvrement, ou à la conservation des biens & des dettes, & il est préféré sur ces biens & ſur ces dettes, aux autres créanciers.

La charge d'un tuteur finit par la majorité de celui qui étoit en tutelle : mais le bénéfice d'âge n'a pas le même effet.

S'il y a deux ou pluſieurs mineurs ſous la même tutelle, elle finit pour chacun à ſa majorité, & celui qui eſt devenu majeur peut obliger le tuteur à lui rendre compte, quoique la tutelle dure encore à l'égard des autres.

Quoique la tutelle finiſſe à la pleine majorité du mineur, le tuteur doit pourtant continuer ſon adminiſtration dans les affaires qu'il ne pourroit négliger ſans cauſer quelque dommage, & il doit pourvoir à tout ce qu'il y a de néceſſaire, & qui ne ſouffre point de retardement juſques à ce qu'il ait rendu compte.

La tutelle finit auſſi par la mort du mineur. Mais de telle ſorte que le tuteur ne doit pas abandonner ce qui demande ſon ſoin, juſqu'à ce que les héritiers du mineur ſoient en état de l'en décharger.

Si le tuteur meurt pendant la tutelle, elle eſt finie, non ſeulement à ſon égard, mais auſſi pour ſes héritiers.

La tutelle finit encore par la mort civile du tuteur, ou du mineur ; ſi le tuteur eſt déchargé pour quelque excuſe, ou deſtitué pour malverſations, ſa charge eſt finie.

Le tuteur peut être deſtitué pour ſa mauvaiſe

conduite ; comme s'il prévarique pour faire périr les droits du mineur, s'il abandonne les affaires, s'il s'absente, & s'il disparoît, laissant la tutelle dans le désordre, s'il ne fournit aux alimens, & à l'entretien du mineur, en ayant des fonds ; & en un mot pour plusieurs autres justes causes.

Le tuteur destitué pour avoir malversé est noté d'infamie, mais non pas celui qui n'est destitué que pour sa négligence ; & si la cause n'étoit pas exprimée dans le jugement de destitution, il n'y auroit point de note d'infamie.

Si le tuteur avoit donné de l'argent pour être appellé à la tutelle, ou qu'il eût fait quelqu'autre malversation considérable, il en pourra être puni selon que la qualité du fait le méritera.

L'incapacité exclut de la tutelle ceux mêmes qui voudroient l'accepter, & les moyens d'excuses en dispensent ceux qui pourroient être tuteurs s'ils y consentoient.

Les causes d'incapacité ont leur fondement, ou sur l'équité naturelle, ou sur quelque loi.

Les femmes sont incapables d'être tutrices, excepté les meres, & les ayeules à l'égard de leurs enfans & de leurs petits fils. Et comme la mere peut être tutrice, la tutelle peut être commise aussi à son second mari beau-pere du mineur.

Les mineurs ne peuvent être tuteurs, étant eux-mêmes en tutelle ; les aveugles, les insensés, les sourds & muets, & ceux qui ont quelque maladie habituelle, & quelque infirmité qui les empêche d'agir dans leurs propres affaires sont incapables d'être tuteurs ; & si ces sortes d'infirmités surviennent à un tuteur après qu'il aura été nommé, on l'en déchargera. Que si la maladie ou infirmité, qui survient pendant la tutelle n'est que pour un tems ; on pourra cependant nommer un curateur qui gere au lieu du tuteur, s'il en est besoin.

LE fils de famille majeur quoiqu'étant sous la puissance de son pere peut être tuteur. Mais le pere, quoiqu'il ait consenti à la nomination de son fils, ne sera pas tenu de son administration, à moins qu'il ne s'y soit obligé expressément ou tacitement, comme s'il avoit géré lui-même, & qu'il fût entré dans l'administration.

OUTRE les causes d'incapacité, il est de la prudence du Juge de ne pas confirmer la nomination d'un tuteur, ou indigne, ou suspect, comme si la nomination du tuteur avoit été faite pour de l'argent, non seulement elle ne devroit pas être confirmée, mais ce délit mériteroit d'être puni. Ainsi, celui qu'un pere auroit défendu de nommer tuteur à son fils, ne devroit pas être appellé à cette charge sans de grandes causes : mais cette exclusion ne feroit aucun préjudice à l'honneur de cette personne. Ainsi on ne doit pas admettre facilement à une tutelle celui qui la brigue.

LES moyens d'excuses comme les incapacités sont fondés ou sur quelque empêchement naturel, ou sur quelque loi.

CEUX qui ont l'âge de soixante & dix ans accomplis peuvent s'excuser.

Si celui qui est appellé à une tutelle, a cinq enfans légitimes & vivans, il est excusé. Les enfans qui ne sont pas nés, quoiqu'ils soient conçûs, ne sont pas mis au nombre des enfans qui peuvent servir d'excuse; plusieurs enfans d'un fils ne sont comptés que pour un. Dans le Droit Romain, trois enfans à Rome, quatre en Italie & cinq en province, excusoient légitimement. Mais les fils des filles n'étoient comptés pour rien : *mais dans notre usage* ils peuvent servir d'excuse.

Celui qui a déja la charge de trois tutelles, peut s'excuser d'une quatrieme. On ne regarde pas comme plusieurs tutelles, celle de plusieurs mineurs lorsque les biens se regissent par une seule administration. Et on ne met pas au rang des tutelles pour servir d'excuse, l'engagement des tuteurs honoraires, ni celui des cautions des tuteurs.

Si une seule tutelle, est d'une telle étendue ou si onéreuse, qu'il fût trop dur d'appeller le tuteur à une seconde, il sera excusé.

Une inimitié capitale entre le pere du mineur, & celui qui a été nommé tuteur, s'il n'y a point eu de réconciliation, fera décharger le tuteur.

S'il y a un procès entre le mineur, & celui qu'on veut appeller à sa tutelle, où il s'agisse de l'état du mineur, ou de tous ses biens, ou d'une grande partie, il sera excusé : mais non pas pour de petits procès.

Les personnes qui par leur emploi, ou d'autres causes, ont quelque privilége qui les exempte d'être d'être tuteurs, feront excufés. *Dans notre ufage*, il n'y a point de priviléges qui exemptent de tutelle, que ceux qui font accordés par quelque Édit, ou par quelque Déclaration.

LES Eccléfiaftiques ne peuvent être nommés tuteurs. Mais fi un Eccléfiaftique vouloit accepter une tutelle, on le lui permettroit.

SI celui qui eft appellé à une tutelle n'a pas affez de biens, ou qu'il ne fache ni lire ni écrire, ou s'il n'a pas affez d'induftrie pour la conduite des affaires, ou qu'il doive tout fon tems ou fon travail aux fiennes, il pourra être déchargé ou confirmé felon les circonftances de tous ces défauts.

QUOIQUE celui qui a été nommé tuteur appelle de fa nomination, & qu'il ait une excufe, il eft obligé de gérer par provifion jufqu'à fa décharge.

QUAND celui qui avoit une excufe a accepté la tutelle, ou géré volontairement avant que de s'excufer, il ne peut plus y être reçû.

LES priviléges qu'on acquiert après la nomination à la tutelle n'en déchargent point.

LES caufes d'excufes qui ne font pas une incapacité, & qui ne furviennent qu'après la nomination ne le déchargent point.

CE n'eft pas toûjours un moyen d'excufe pour celui qui eft appellé à une tutelle, de n'être pas habitant du lieu où eft le domicile du mineur. Et c'eft par les circonftances qu'on doit juger de l'égard qu'il faut avoir à l'éloignement de ces domiciles.

Si celui qui est nommé tuteur a plusieurs excuses, dont aucune séparément ne suffise, toutes ces excuses ensemble ne suffiront pas pour le décharger.

JUSTINIEN dans ses novelles avoit réglé que ceux qui seroient créanciers ou débiteurs des mineurs ne pourroient être leurs tuteurs : *mais nous n'avons pas* reçû ce reglement, parce que *notre usage* pourvoit assez à la sûreté des mineurs par l'inventaire de leurs biens qui se fait en Justice, & qui conserve les titres de leurs prétentions, ou de leurs défenses contre leurs tuteurs, & par la nomination qu'on fait d'un curateur, ou tuteur subrogé pour les défendre dans les affaires qu'ils peuvent avoir contre leurs tuteurs.

QUE si la dette passive ou active du tuteur, à l'égard du mineur, étoit telle qu'il fût plus avantageux au mineur de nommer un autre tuteur, il seroit de la prudence du Juge d'obliger les parens à un autre choix.

TITRE II.

Des Curateurs.

LES insensés étant incapables de la conduite de leurs personnes & de leurs biens, quoiqu'ils soient majeurs, on leur nomme des curateurs qui en prennent le soin.

ON ne nomme point de curateur à une personne comme insensée, si elle n'a l'âge de majorité. Car si un mineur est dans la démence, il est plus honnête de lui donner plutôt un tuteur à cause de sa minorité, au moins en attendant sa majorité.

LA démence d'un majeur doit être prouvée en Justice pour lui donner un curateur, & il n'y a que l'autorité de la Justice qui puisse créer un curateur.

LE fils peut être nommé curateur à sa mere qui est en démence, & aussi à son pere dans le même cas.

SI un fils de famille tombe en démence, on ne lui nomme point de Curateur, parce que son pere naturellement est chargé de la conduite de sa personne, & de l'administration de ses biens.

DANS le cas où il peut être nécessaire de nommer un curateur à une femme mariée, ou à celle qui est en fiançailles, soit pour démence ou autres causes, le mari, ni le fiancé ne peuvent pas être nommés curateurs.

ON ne nomme pas de curateur à la femme mariée pour l'administration des biens dotaux, car cette administration appartient au mari.

LE curateur de celui dont la démence ne vient que par intervalles, n'exerce sa fonction que pendant sa démence : mais la charge de curateur dure pendant la vie de cette personne, pour éviter de faire à chaque rechûte une nouvelle nomination.

ON nomme des curateurs à toutes les personnes, qui par quelque infirmité sont incapables de l'administration de leurs biens, comme seroit un sourd & muet.

CEUX qui dissipent leurs biens en folles dépenses sont déclarés prodigues, & interdits en Justice, ils sont dépouillés de la conduite de leurs affaires & du maniment de leurs biens, & on leur donne un curateur ; il en seroit de même d'une femme dont les mœurs & la conduite pourroient y donner lieu

PAR l'Ordonnance de Blois art. 182. les femmes qui, ayant des enfans, se remarient à des personnes indignes de leur qualité, sont mises en interdiction de leurs biens, & ne peuvent ni les vendre ni les aliéner : mais cette interdiction n'étant que pour empêcher l'aliénation afin de conserver les biens aux enfans, elle n'a pas cet effet qu'on nomme à ces femmes des curateurs.

L'INTERDICTION d'un prodigue ne peut être ordonnée, & le curateur nommé qu'après que la mauvaise conduite aura été prouvée. Celui qui a été déclaré prodigue par le teſtament de ſon pere eſt préſumé tel, à moins que les circonſtances n'empêchent d'y avoir égard.

Le fils ne peut être nommé curateur de ſon pere déclaré prodigue, quoiqu'il puiſſe l'être de ſon pere qui eſt en démence.

La charge de curateur du prodigue ne finit que lorſque l'interdiction eſt levée en juſtice.

Si une perſonne eſt dans une abſence de longue durée, ſans avoir chargé quelqu'un de la conduite de ſes biens & de ſes affaires, & qu'il ſoit néceſſaire d'y pourvoir, on nomme un curateur pour prendre ce ſoin. *Dans notre Province* les proches parens obtiennent la garde gardienne des biens de ceux de qui on n'a reçû des nouvelles depuis pluſieurs années.

Si une veuve ſe trouve groſſe au tems de la mort de ſon mari, on ne peut nommer de tuteur à l'enfant juſques à ſa naiſſance. Mais s'il eſt néceſſaire on nomme un curateur pour la conſervation des droits de l'enfant qui pourra naître, & pour l'adminiſtration des biens qui pourront lui appartenir. S'il y avoit d'autres enfans, & qu'il ne fallût qu'une ſeule tutelle pour tous, le même tuteur ſerviroit pour l'intérêt des enfans qui ſeroient à naître.

Si une ſucceſſion ſe trouvoit ſans héritiers, comme s'il n'y avoit ni parent, ni héritiers inſtitués, ou que celui qui devoit ſuccéder eût renoncé à la ſucceſſion, ou qu'il fût abſent, ou que pendant qu'il délibere pour s'immiscer, il fût nécessaire de pourvoir au ménagement des biens ; on nommeroit un curateur à la succession pour conserver les biens, ou aux créanciers, ou à ceux à qui ils devroient appartenir.

LORSQU'UN débiteur abandonne ses biens à ses créanciers, ils peuvent faire créer un curateur qui en prenne le soin, nommer quelques-uns d'entr'eux qui en ayent la direction. Il en est de même à l'égard d'une hérédité sans héritier, d'un débiteur après sa mort.

ON ne doit pas confondre ces sortes de curateurs, avec ceux qu'on nomme pour la validité d'une saisie réelle de biens abandonnés, comme d'une hérédité sans héritiers : car pour cette derniere sorte de curateurs, on ne nomme pas des créanciers, parce qu'ils seroient eux-mêmes leurs parties.

TOUTES ces sortes de curateurs dont l'on vient de parler, sont tenus, comme les tuteurs, de prêter le serment, & de faire un inventaire des biens dont ils sont chargés, & leurs engagemens ne different de ceux des tuteurs, qu'en ce que les tuteurs sont nommés pour les personnes, & pour les biens, & que leur administration finit au plus tard à la majorité de ceux qui sont sous leur charge ; au lieu que quelques curateurs ne sont que pour les biens, & que la charge d'aucun n'a son tems borné, mais chacune dure & finit selon que la cause qui a donné sujet à leur nomination continue, ou vient à cesser. Ainsi, les regles qui ont été expliquées touchant les tuteurs conviennent aux curateurs.

Les curateurs qui sont établis pour les personnes & pour les biens, ont leur action contre les personnes même dont ils ont été curateurs si elles deviennent capables d'oüir leur compte, ou contre leurs héritiers où autres à qui ce compte doit être rendu. Les curateurs dont l'administration n'a rapport qu'aux biens, ont leur action contre les personnes intéressées à la conservation de ces biens. Le curateur aux biens d'un absent a son action contre lui après son retour, ou contre ceux que les biens regardent.

Si un curateur ayant géré, on en nomme un autre à sa place, il aura son action pour ce qu'il aura géré contre ceux qui sont interessés à l'administration qui lui a été commise, & il pourra agir contre le curateur nommé qui le dénoncera à ces mêmes personnes.

Les curateurs ont les mêmes hypoteques, & les mêmes priviléges & préferences que les tuteurs.

TITRE III.

Des Syndics, Directeurs, & administrateurs des Corps & Communautés.

CEUX qui ont la permiſſion de former un Corps & Communauté, ont auſſi leurs droits, leurs priviléges, leurs biens & leurs affaires, & ne pouvant vaquer tous enſemble à ce qui regarde leur Communauté, ils peuvent y prépoſer des perſonnes qui en prennent le ſoin, & qu'on appelle ſyndics & d'autres noms.

LES ſyndics, & autres prépoſés aux affaires des corps ſont nommés par ceux qui les compoſent, ou ſuivant quelque loi plus avantageuſe au corps. On choiſit un certain nombre, & ce nombre qui repréſente le corps entier fait la nomination de ceux qui doivent être chargés du ſoin des affaires.

LES nominations ſe font à la pluralité des voix, ſelon les uſages & les formalités preſcrites.

POUR faire le nombre néceſſaire des nominateurs, on peut compter celui qui étoit nommé s'il étoit de ce nombre.

CEUX qui ont été ainſi légitimement nommés ont le pouvoir d'exercer les fonctions qui leur ſont commiſes, ſuivant l'étendue ou les bornes qui leurs ſont preſcrites.

LE pouvoir de ces ſyndics & autres prépoſés

finit avec leurs charges lorſqu'elles expirent ; & il ceſſe auſſi par une révocation, ſi elle peut avoir lieu, pourvû qu'elle ſoit faite dans les regles, & connue à celui qui eſt révoqué & à ceux qui avoient à traiter avec lui.

CEUX qui ſont nommés par les corps pour l'adminiſtration de leurs affaires doivent y apporter le même ſoin que les Procureurs conſtitués, & ils répondent non ſeulement de leur dol, & des fautes groſſieres, mais auſſi des fautes contraires à ce ſoin. Cette obligation n'a pas ſon effet contre les Supérieurs, & les Procureurs des maiſons Religieuſes, qui ſont des perſonnes mortes civilement, contre leſquelles on n'a pas ce recours.

LES ſyndics, & autres prépoſés qui entreprennent une affaire par ordre du corps, ſont obligés de prendre ſoin de toutes les ſuites, ils doivent répondre de leur conduite envers ceux contre qui ils agiſſent, ou avec qui ils traitent, & de faire ratifier par la Communauté ce qu'ils auront géré.

LES Communautés ne ſont engagées par le fait du prépoſé que dans l'étendue des engagemens qui lui ſont permis, & ſelon qu'ils tournent à leur avantage : ainſi, ſi un corps a donné pouvoir de vendre, la vente ne ſubſiſtera qu'en cas qu'elle ait été faite pour une cauſe néceſſaire, & qu'on y ait obſervé les formes preſcrites pour ces ſortes de ventes. Ils ſont tenus en ce cas de ratifier ce que ces commis ont bien géré ſelon leurs pouvoirs, & d'alloüer les dépenſes raiſonnables employées pour les affaires qui leur étoient commiſes.

Les préposés qui traitent pour des Communautés, sont tenus de ce qui est de leur fait particulier envers ceux qui ont suivi leur foi. Mais non du fait de la Communauté, s'ils n'ont traités que suivant le pouvoir qu'elle leur avoit donné.

L'engagement de la Communauté ne se divise pas entre les personnes qui la composent, de sorte que ce soit l'engagement de chacun en particulier; & ce n'est que le corps qui est obligé par le fait de celui qu'il a préposé. De même aussi, ceux qui s'obligent envers les Communautés, ne s'obligent pas envers chacun de ceux qui en sont les membres.

TITRE IV.

De ceux qui font les affaires des autres à leur insû.

LEs Loix civiles n'obligent personne à prendre le soin des affaires des autres, à la reserve de ceux qui en sont tenus par quelque devoir particulier : mais celui qui s'engage volontairement à prendre le soin de l'affaire d'un autre, n'est plus libre de l'abandonner ; car il sera tenu de continuer ce qu'il a commencé jusqu'à ce qu'il acheve, ou que le maître soit en état d'y pourvoir lui-même ; il rendra compte de qu'il aura fait, & il sera tenu de ce qu'il aura manqué de faire. Il est obligé de prendre le même soin de l'affaire qu'il a entreprise, que s'il étoit Procureur constitué. Ainsi, il est tenu non seulement du dol, & de la mauvaise foi, mais même du manque de soin ; & quand même il seroit négligent dans ses propres affaires, il doit pour celles d'un autre, dont il est chargé, prendre un soin très-exact.

Si celui qui a entrepris la conduite des affaires d'un absent, en néglige une partie, & que son engagement éloigne d'autres personnes qui auroient pû y pourvoir, il en sera tenu selon les circonstances. Que s'il entreprend, sans nécessité quelque affaire nouvelle, que rien n'obligeoit l'absent d'entreprendre, il portera seul toutes les pertes qui en arriveront, même par cas fortuit, quoique, s'il en arrivoit du profit, il feroit pour cet abſent. Mais s'il ſe trouvoit dans cette même affaire de la perte d'une part, & du gain de l'autre, celui qui l'auroit entrepriſe pourroit faire une compenſation.

CELUI que rien n'oblige à s'immiſcer aux affaires d'un autre peut ſe borner à une, & s'abſtenir des autres s'il n'y a pas de connexité.

CELUI qui fait l'affaire d'un autre à ſon inſû, n'eſt pas tenu des cas fortuits.

SI celui, de qui un autre a entrepris l'affaire, vient à mourir avant que l'affaire ſoit conſommée, ou s'il étoit déja mort avant que cette per onne s'y fut immiſcée, elle ſera obligée de continuer pour l'intérêt des héritiers.

CELUI qui dans l'adminiſtration des affaires d'un abſent, a négligé d'employer les deniers qu'il a reçûs, pourra en devoir l'intérêt, ſelon les circonſtances.

SI quelqu'un par erreur a géré quelque affaire, qu'il croyoit être celle d'un de ſes amis, & qui étoit l'affaire d'un autre, il ne contracte l'engagement qu'avec le maître de l'affaire.

SI une femme s'étoit ingérée dans les affaires d'un abſent, à ſon inſû, elle en ſeroit tenue ſelon les regles précedentes.

CEUX qui par quelque néceſſité ſe trouvent obligés à l'adminiſtration des affaires des autres, comme l'eſt, par exemple, en de certain cas l'héritier d'un tuteur, entrent dans les mêmes engagemens que celui qui s'est ingéré volontairement.

QUOIQUE ceux qui s'ingerent aux affaires des autres, soient tenus régulierement d'un soin très-exact, il y a pourtant des circonstances qui peuvent obliger à apporter du temperament à cette regle.

CELUI de qui l'affaire a été bien conduite, est obligé envers celui qui en a pris le soin de l'indemniser des engagemens où il est entré, & de ratifier ce qu'il a bien géré.

SI celui qui a géré l'affaire d'un absent y a fait des dépenses nécessaires ou utiles, & telles que l'absent auroit pû & dû faire, il les recouvrera.

SI pour une dépense nécessaire il a été mis plus qu'il ne falloit, elle sera réduite à ce qui a dû y être employé.

SI pour ces dépenses celui qui les a faites a été obligé d'emprunter à intérêt, ou de faire une avance qui lui soit à charge, le maître de l'affaire sera tenu des intérêts des sommes avancées, quand même celui qui les a fournies auroit été obligé, par quelque nécessité, à se charger du soin de cette affaire.

SI celui qui a géré l'affaire d'un absent a fait une dépense nécessaire, & que pour quelque cas fortuit, ce qui avoit été fait utilement périsse ou se perde, le maître ne laissera pas d'être tenu de rembourser de cette dépense celui qui l'avoit faite, & à qui on ne peut imputer cet évenement.

CEUX qui font les affaires des autres à leur insû,

n'ont pas une hypoteque, comme les tuteurs & curateurs, sur les biens qu'ils gerent, mais ils ont la préférence pour les deniers qu'ils ont employés à la conservation du bien, ou au recouvrement de quelque dette.

Si celui de qui un autre a géré l'affaire, a ensuite approuvé ce qui a été fait après l'avoir connu, il ne pourra plus s'en plaindre quand il auroit quelque sujet de ne pas l'approuver, à moins qu'il n'y eût du dol qui n'eût point paru.

Les dépenses faites par un motif de libéralité ou par un devoir de charité, ne se recouvrent point, & la plus grande proximité ne suffit pas toûjours pour faire présumer que la dépense que l'un a faite pour l'autre est une libération, & c'est par les circonstances qu'il en faudroit juger.

TITRE V.

De ceux qui ont quelque chose de commun ensemble, sans convention.

UNE chose peut être commune à deux, ou plusieurs personnes, sans qu'il y ait entr'eux de société, ni même de convention, ni rien de leur fait. Ainsi, deux légataires, ou donataires d'une même chose l'ont commune entr'eux, sans convention ni société ; il en est de même des cohéritiers d'une même succession, & de l'héritier d'un associé qui sont liés par les droits, & les charges des biens qu'il ont en commun sans convention.

CELUI qui se rend acquéreur d'une portion d'un droit, ou autre chose commune à plusieurs personnes, entre dans leur liaison sans société ni convention. Et il en est de même si divers acheteurs acquierent chacun singulierement & separément différentes portions indivises.

LEURS engagemens sont en général de partager la chose commune quand un d'eux le voudra, de se faire justice entr'eux des gains & des pertes, de compter de leurs joüissances & de leurs dépenses, de répondre chacun de son propre fait, & du dommage qu'il peut avoir causé.

PENDANT que la chose commune entre cohéritiers ou autres demeure indivise, celui des propriétaires qui l'a en sa puissance, est obligé d'en prendre ſoin comme de ſa choſe propre, & il doit répondre non ſeulement de tout dol & des fraudes, mais auſſi des fautes contraires à ce ſoin. Mais il n'eſt pas tenu des mêmes diligences que celui qui ſe charge volontairement de l'affaire d'un autre à ſon inſû.

Celui qui a joüi de la choſe commune, doit en rapporter tous les fruits & tous les profits.

Si un des propriétaires d'une choſe commune y a employé quelque dépenſe qu'il ait fallu faire comme pour des réparations, des frais d'un procès ou d'autres ſemblables, il la recouvrera avec les intérêts depuis ſon avance.

Aucun des propriétaires d'une choſe commune ne peut y faire de changement qui ne ſoit agréé de tous, & un ſeul même peut empêcher contre tous les autres qu'il ne ſoit rien innové, à moins qu'il ne s'agiſſe d'un changement néceſſaire pour la conſervation de la choſe.

Si l'un des propriétaires fait un changement en la choſe commune ſans néceſſité, l'autre y réſiſtant, il ſera tenu de remettre les choſes dans l'état où elles étoient auparavant, ſi cela ſe peut, & des dommages & intérêts qu'il aura cauſés.

Si le changement a été connu & ſouffert, quoique ſans un conſentement exprès, celui qui l'aura ſouffert ne pourra obliger l'autre à remetre les choſes en leur premier état.

Il eſt toûjours libre à chacun de ceux qui ont quelque choſe de commun entr'eux de la partager, &

& ils peuvent bien convenir de remettre le partage à un certain tems : mais non pas qu'il ne puisse jamais être fait.

Si les choses qui sont à partager ne peuvent se diviser en portions égales, les copartageans peuvent s'égaliser par des portions d'argent ou autrement. Et si la chose commune est indivisible, comme un office ou une maison, qui ne peut être divisée qu'avec beaucoup de perte ou de trop grandes incommodités, elle peut être laissée à un seul pour un prix qui sera partagé : ou il s'en fait une licitation où les étrangers pourront être reçûs, si quelqu'un des propriétaires, qui ne voudra ou ne pourra peut-être encherir, le demande ainsi.

S'il est nécessaire de mettre une charge sur l'un des héritages qui se partagent, comme une servitude pour l'usage des autres copartageans, les arbitres & experts qui en connoîtront pourront charger de la servitude l'héritage qui devra y être sujet. Et en ce cas on égalisera d'ailleurs la condition du corpartageant chargé.

S'il se trouve quelque lésion considérable dans un partage même entre majeurs, soit par quelque dol de l'un des copartageans, ou même sans que l'un puisse rien imputer à l'autre, cette lésion sera réparée par un nouveau partage. *Par notre usage* il faut que la lésion soit du tiers au quart pour refaire un partage.

Apre's le partage des choses qui étoient communes, chacun des copartageans tient lieu de vendeur envers l'autre, & ils doivent ſe garantir réciproquement leurs portions des évictions, quand même il n'auroit été rien dit de la garantie, dans le partage.

LES titres des choſes communes qui ſont communs à tous les copartageans, peuvent être laiſſés en la puiſſance de l'un d'eux qui s'en charge envers les autres, & leur en donne des copies collationnées, promettant de repréſenter les originaux quand il le faudra. Que s'il n'y a pas de cauſes d'en préférer un aux autres, ou qu'ils ne conviennent pas, ils peuvent tirer au ſort, ou le Juge décidera le différend, ou les titres ſont dépoſés entre les mains d'un notaire qui en fait à chacun des expéditions. Mais on ne met pas en licitation à qui aura les titres.

IL n'eſt pas permis de partager les choſes qui ne peuvent ſervir qu'à des uſages illicites, comme des poiſons & des livres de magie : mais les partageans, ou le Juge les diſſiperont.

TITRE VI.

De ceux qui ont des héritages joignans.

L'USAGE des bornes eſt principalement pour les héritages de la campagne, où il n'y a point de bâtiment qui en regle l'étendue. Mais les bâtimens & les lieux clos de murailles qui ſont dans les villes, ont leurs confins marqués par des anciens murs ou mitoyens, ou propres à un ſeûl.

LE propriétaire ne peut joüir de telle ſorte de ſon héritage, qu'il puiſſe ou planter, ou bâtir, ou faire ce qu'il voudroit à fleur du confin : mais ſelon la qualité du plant, bâtiment, ou autre ouvrage, il doit garder les diſtances réglées par les Coûtumes, & par les uſages.

LORSQU'UN mur eſt ſur le confin, il eſt mitoyen, & étant commun aux deux héritages, il ſert de borne : mais celui qui bâtit ſur ſon propre fonds a le mur à ſoi, en gardant la diſtance néceſſaire du mur au confin.

LES héritages ſéparés par un grand chemin ne ſe confinent pas l'un à l'autre, & les propriétaires de ces héritages n'ont pas à régler des bornes entr'eux, ſi ce n'eſt qu'un changement de chemin y donnât lieu.

LES ruiſſeaux qui ne ſont pas à l'uſage public & qui ſont propres aux particuliers dont ils traverſent les héritages, ne reglent pas leurs bornes : mais chacun a les ſiennes telles que les lui donne ſon titre, ou ſa poſſeſſion.

S'IL y a de l'incertitude pour les confins des héritages, ſoit de la ville ou de la campagne, ils ſe reglent par les titres; s'il y en a qui marquent le lieu des bornes, ou l'étendue que les héritages doivent avoir par d'anciennes marques, par d'anciens aveus, ou autres preuves ſemblables ; & comme après les titres il peut arriver divers changemens dans les confins, ils ſe reglent par la poſſeſſion, & par les égards qu'on doit avoir à ces changemens, & enfin par toutes les autres voies qui peuvent les faire connoître.

LES emphytéotes, les uſufruitiers, les engagiſtes peuvent, de même que les propriétaires, exercer l'action, pour régler les bornes avec les poſſeſſeur des héritages voiſins.

SI les mêmes parties qui ſont en procès pour des confins, ſe conteſtent auſſi la poſſeſſion des lieux qu'il faut borner, il faudra premierement juger la poſſeſſion.

LE propriétaire ou autre poſſeſſeur d'un héritage qui, faiſant un plant, un bâtiment ou autre ouvrage, ne garde pas les diſtances réglées entre ſon ouvrage & le confin, ſera obligé de remettre les choſes en l'état où elles étoient, ou devoient être,avec les dommages & intérêts que ſon entrepriſe aura pû cauſer.

SI le poſſeſſeur d'un héritage uſurpé ſur ſon voiſin au-delà des confins, il ſera tenu des dommages & intérêts pour ſon entrepriſe, & de la reſtitution des frais, ou autres revenus depuis ſon uſurpation : mais celui qui aura joüi au-delà de ſes bornes, ſans mauvaiſe foi, ne devra les fruits que depuis la demande.

Si les confins des deux héritages deviennent incertains, ſoit par le fait du propriétaire, ou poſſeſſeur de l'un des héritages, ou par cas fortuit. Ils ſeront de nouveau confinés par l'avis des experts ſuivant les titres, ou les autres voies que l'on vient de marquer.

Si les bornes ont été enlevées par le fait de l'un des poſſeſſeurs, il ſera tenu, non ſeulement de la reſtitution des fruits, & des dommages & intérêts : mais on pourra lui faire ſon procès pour ce crime, & il ſera condamné à telle peine que le fait méritera ſelon les circonſtances.

Les arbitres ou experts qui reglent des bornes, peuvent, ſelon les circonſtances de l'état des lieux, de l'obſcurité des confins, & la commodité de l'un & de l'autre des propriétaires, ou partager ce qui eſt en conteſtation, ſi le droit de chacun eſt incertain, ou l'adjuger à l'un des deux s'il y a lieu : ou borner les héritages par un autre endroit en laiſſant d'une part autant qu'on ôte de l'autre, en obligeant à quelque retour celui qui profiteroit de ce changement.

TITRE VII.

De ceux qui reçoivent ce qui ne leur est pas dû, ou qui se trouvent avoir la chose d'autrui sans convention.

CELUI qui se trouve avoir reçû un paiement qui ne lui étoit pas dû, quand même il croiroit de bonne foi qu'il lui seroit dû, & que celui qui paie le penseroit de même, n'acquiert aucun droit sur ce qui lui est payé de cette maniere : mais il doit le rendre. Ainsi, celui qui a reçû un legs d'un testament, qui dans la suite se trouve faux ou révoqué par un codicile, doit rendre ce qu'il a reçû à ce titre.

CELUI qui étant héritier présomptif d'un parent qui seroit mort, ignoreroit un testament qui le prive de la succession, & avant que de s'y être immiscé acquiteroit une dette de son argent propre, croyant s'acquiter soi-même comme héritier, aura son recours contre le créancier qui aura reçû cet argent, lequel sera tenu de le rendre, & conservera son droit sur la succession. Mais si ce créancier avoit anéanti le titre de sa créance, comme si c'étoit une obligation qu'on eût déchirée, de sorte que la dette fût perdue ou en péril, le paiement en ce cas subsisteroit ; celui qui l'auroit fait devroit se l'imputer, & il auroit son action envers l'héritier.

SI un tiers paie à un créancier ce qu'il sait lui

être dû par un autre, ce créancier ne ſera pas tenu de le rendre ; car ce tiers a pû vouloir acquitter le vrai débiteur.

Si un débiteur paie avant le terme, quand même la choſe ne ſeroit dûe qu'après la mort, le créancier qui reçoit ce paiement peut le retenir. Mais ſi c'étoit une dette conditionnelle qui dependît d'un cas qui pût ne pas arriver, & qui ne fût pas encore arrivé, celui qui auroit reçu la ſomme payée par erreur ne pourroit pas la retenir, car il n'étoit pas encore créancier, que ſi le cas étoit tel qu'il dût arriver néceſſairement, il n'y auroit point de répétition.

Celui qui ſachant qu'il a des moyens pour ſe défendre de ſon créancier, ne laiſſe pas de payer volontairement, ne peut demander ce qu'il a payé; car il a pû renoncer aux raiſons qu'il avoit de ne point payer.

Celui qui dans le doute, s'il doit ou non, paie à toutes fins pour ſe libérer en cas qu'il ſoit débiteur, peut recouvrer ce qu'il a payé, s'il ſe trouve qu'en effet il ne doive rien, ſi ce n'eſt qu'il paroiſſe que dans le doute les parties ont voulu terminer leur différend par ce paiement, & qu'il ait tenu lieu de tranſaction, car en ce cas le paiement ſubſiſte.

Si celui qui devoit de deux choſes l'une, a donné les deux, ou par une mépriſe ou par ignorance, il ne ſera pas libre à celui qui les a reçûes de choiſir celle des deux qu'il voudra garder : mais le débiteur conſervera le droit de choiſir, & de laiſſer celle qu'il voudra donner, & retirer l'autre.

CELUI qui ſe trouve avoir une choſe d'un autre ſans quelque juſte cauſe, ou à qui une choſe étoit donnée pour une cauſe qui ceſſe, ou ſous une condition qui n'arrive point, n'ayant plus de cauſe pour la retenir doit la reſtituer; ainſi, à plus forte raiſon, ceux qui ont reçû de l'argent, ou autre choſe pour une cauſe injuſte ſont tenus de le rendre.

LES débiteurs qui acquittent volontairement des detres qu'ils auroient pû faire annuller en Juſtice : mais que l'équité naturelle rendoit légitimes, ne peuvent revenir contre cette approbation.

IL peut arriver en trois manieres que par un fait illicite, une perſonne reçoive une ſomme d'argent, ou quelqu'autre choſe d'une autre perſonne; car le fait peut être illicite, ou ſeulement de la part de celui qui donne, ou de la part de celui qui reçoit, ou de la part de l'un & de l'autre.

ON appelle illicite non ſeulement ce qui eſt défendu par une loi expreſſe, mais tout ce qui bleſſe l'équité, l'honnêteté & les bonnes mœurs, quoiqu'il ne ſe trouvât point de Loi qui l'exprimât.

SI le fait n'eſt illicite que de la part de celui qui donne, celui qui a reçû ne ſera pas obligé de rendre, ſi ce n'eſt que les circonſtances reglent autrement ſon devoir

LORSQUE le fait n'eſt illicite que de la part de celui qui a reçû la choſe, celui qui l'a donnée, pourra se la faire rendre, quoique l'autre ait exécuté ce que son engagement pouvoit demander; & rien ne peut dispenser de la restitution, quand même on ne lui feroit aucune demande, ni des peines que le fait pourra meriter si la Justice vient à le connoître.

Si le fait est illicite, & de la part de celui qui donne, & de la part de celui qui reçoit, celui qui a donné perdra justement ce qu'il avoit si mal employé, & celui qui a reçû ne pourra retenir ce profit injuste & quand même il auroit exécuté l'engagement illicite pour lequel il avoit reçû, il sera obligé à la restitution à qui elle pourra être dûe, & tenu des autres peines qu'il aura méritées.

Celui qui se trouve avoir une somme d'argent d'une autre personne, soit qu'il l'eût reçue en paiement ne lui étant pas dûe, ou qu'il l'eût autrement, est obligé, s'il est dans la mauvaise foi, de payer l'intérêt depuis que la mauvaise foi est commencée : mais s'il est dans la bonne foi, il ne devra l'intérêt que depuis la demande.

Si c'est un héritage qu'on doive restituer, ou autre chose qui produise quelque revenus, le possesseur qui doit la restituer, doit aussi les fruits & revenus qu'il a perçûs, ou seulement depuis la demande, ou même de tout le tems qu'il aura joüi selon la qualité de la cause qui l'avoit fait passer en ses mains, & les circonstances. Cela dépend de la prudence du Juge.

Si celui qui avoit une chose d'un autre, croyant

de bonne foi en être le maître, l'avoit aliénée dans cette bonne foi, il ne feroit tenu de rendre que ce qu'il en auroit tiré de profit, comme le prix qu'il en auroit reçû s il l'avoit vendue, quoiqu'il ne l'eût pas vendue fon jufte prix.

CELUI dont la chofe étoit en la puiffance d'un autre, & qui la recouvre, quand ce feroit d'un poffeffeur de mauvaife foi, eft obligé de lui rendre tout ce qui peut avoir été utilement employé pour la conferver; & s'il y a des fruits à reftituer, il en faut déduire les dépenfes faites pour les recueillir.

TITRE VIII.

Des dommages causés par des fautes qui ne vont pas à un crime, ni à un délit.

CELUI qui habite une maison, soit le propriétaire, locataire ou autre, est tenu du dommage que peut causer ce qui est jetté, ou répandu de quelque endroit de cette maison, soit de jour ou de nuit, & il en doit repondre à celui qui aura souffert le dommage soit que ce fût lui-même qui eût jetté, ou quelqu'un de sa famille, ou de ses domestiques, même à son absence ou à son insû.

LES défenses de jetter ou de répandre, ne sont pas bornées aux rues, aux places & autres lieux publics; mais s'étendent à tous les lieux où cette imprudence pouroit être suivie de quelque dommage.

OUTRE le dédommagement du mal qu'aura pû causer ce qui aura été jetté ou répandu, celui qui tient la maison sera condamné à l'amende que la Police aura pû régler, ou à telle autre peine que le Juge ordonnera, selon les circonstances; car les peines sont arbitraires en France.

SI ce qui aura été jetté cause la mort de quelque personne, ou quelque blessure, le procès sera fait à celui qui en sera la cause; & il sera puni selon la qualité du fait, & tenu de l'intérêt civil, & celui qui tient la maison sera aussi tenu & de l'amende, & de tel dédommagement, ou autre peine qu'il pourra mériter.

Si plusieurs habitent le même lieu d'où quelque chose a été jettée ou repandue, chacun sera tenu solidairement de tout le dommage, si ce n'est qu'on pût connoître celui qui l'auroit causé, ou des maîtres, ou des personnes dont chacun doit répondre. Mais si leur habitation est separée chacun ne sera tenu que de ce qui sera jetté, des lieux qu'il occupe.

Quoique le propriétaire, ou le principal locataire d'une maison n'en occupe que la moindre partie, s'il en loue des chambres, ou s'il reçoit en quelqu'une un de ses amis, il sera tenu du fait de ceux qu'il reçoit dans cette maison. Que s'il paroît de quelle chambre il a été jetté quelque chose, on pourra agir, ou contre celui qui l'occupe, ou contre celui qui tient la maison. Et celui-ci aura son recours contre l'autre.

La police des villes s'adresse à ceux qui tiennent les maisons, parce qu'on les considere comme habitans qui répondent au public des personnes qu'ils reçoivent chez eux.

Les maîtres d'écoles, les artisans & autres qui reçoivent dans leurs maisons des écoliers, des apprentis, ou d'autres personnes qui leur servent, sont tenus du fait de ces personnes.

Tous les articles précedens s'entendent de ce qui a été jetté ou répandu par mégarde, & sans aucun dessein. Que s'il y a du dessein, l'injure, le délit ou le crime sera réprimé par de plus griéves peines, selon la qualité du fait & les circonstances.

S'IL y a quelque chose de suspendu d'un toit, ou d'un autre endroit, d'où la chûte puisse causer quelque mal, ou quelque dommage, celui qui tient ce lieu sera condamné à une amende telle qu'elle aura été réglée par la Police, ou qu'elle sera arbitrée par le Juge selon les circonstances, quand même la chose ne seroit pas tombée, & qu'elle auroit été mise en ce lieu par un autre que lui.

SI la chose suspendue vient à tomber, & cause quelque mal, celui qui habite la maison sera tenu du dommage, outre la peine de l'amende qu'il devroit, quand il n'en seroit arrivé aucun accident.

SI des tuiles tombent d'un toit qui soit en bon état, & par le seul effet d'un orage, c'est un cas fortuit dont le propriétaire ou le locataire ne peut être tenu. Mais si le toit étoit en mauvais état, celui qui devoit y pourvoir sera tenu du dommage arrivé selon les circonstances.

SI quelque bétail gardé, ou échapé a pâcagé dans un lieu où le maître n'avoit pas droit, en un tems auquel le pâcage n'étoit pas permis, il sera tenu du dommage que son bétail aura pû causer, & il sera condamné à une amende telle que le fait pourra le mériter, particulierement si c'est dans un lieu qui ne soit point sujet au pâcage.

SI un bétail gardé, ou non gardé, fait quelqu'autre dommage qu'en pâcageant, comme s'il rompt ou endommage des arbres, le maître ou autre possesseur en sera tenu, & condamné à l'amende s'il y a lieu.

CELUI qui aura surpris le bétail d'un autre y pâcageant, ou faisant quelqu'autre dommage, ne pourra user de voie de fait qui nuise au bétail, ni le détourner autrement qu'il feroit le sien propre; & s'il cause quelque dommage à ce bétail, il en sera tenu. Quelques Coûtumes pourtant, *comme dans notre Bugey*, permettent de renfermer pendant quelque tems le bétail qui cause du dommage, & on le retient dans les prisons du Seigneur, jusques à ce que le propriétaire vienne le reclamer.

SI un bœuf a coûtume de frapper de la corne & de blesser quelqu'un, ou cause quelqu'autre dommage, le maître qui n'aura pas renfermé, ou retenu ce bœuf, ou averti de sorte qu'on pût l'éviter, sera tenu du mal qui en arrivera : il en est de même de ceux qui ont des chevaux qui ruent, ou qui mordent, à moins qu'il n'y ait de l'imprudence de la part de ceux qui ont souffert le dommage.

LE maître d'un chien qui a coûtume de mordre, ou qui est échapé faute de bonne garde, est assujetti à la même regle si le chien blesse quelqu'un, & à plus forte raison si c'étoit un chien qu'on dût enchaîner. Cette loi regarde aussi ceux qui ont des bêtes farouches, comme des lions, des tigres, des ours & qui ne les tiennent pas de sorte qu'elles ne puissent nuire.

Si un chien ou un autre animal ne mord, ou ne fait quelqu'autre dommage, que parce qu'il a été agacé, ou effarouché; celui qui aura donné sujet au mal arrivé en sera tenu, & si c'est le même qui l'a souffert il doit se l'imputer.

Si la bête qui a causé quelque dommage avoit été effarouchée par quelqu'autre bête, le maître de celle-ci en sera tenu.

Si deux béliers, ou deux bœufs appartenans à deux maîtres, viennent à s'entrechoquer, & que l'un tue l'autre; le maître du bœuf ou bélier, qui aura le premier frappé, sera tenu, ou d'abandonner la bête qui aura causé le dommage, ou de dédommager.

Si un bâtiment est en péril de ruine, le propriétaire du bâtiment, ou autre héritage voisin qui voit le sien en danger d'être endommagé par la chûte de l'autre, peut sommer celui qui en est le propriétaire de le demolir, ou le réparer, de sorte qu'il fasse cesser le péril.

Si après la sommation, ou assignation en Justice, le propriétaire du bâtiment dont la chûte peut nuire au voisin, néglige d'y pourvoir, celui qui voit son héritage en danger par la ruine de l'autre, peut demander par provision qu'il lui soit permis de faire lui-même ce que les experts jugeront nécessaires pour prévenir la chûte de ce bâtiment, en l'appuyant, ou en le démolissant s'il en est besoin, & il récouvrera contre le propriétaire la dépense qu'il aura faite.

Si pendant le retardement du propriétaire condamné, ou sommé de démolir ou appuyer son bâtiment, la chûte en arrive, il sera tenu des dommages & intérêts; à moins qu'il n'y ait des circonstances qui le justifient.

Si le bâtiment tomboit avant qu'il y eût une dénonciation au propriétaire, il ne sera pas tenu du dommage s'il veut abandonner la place & les matériaux, & il ne sera pas même en ce cas obligé de les enlever. Car celui qui a souffert le dommage doit s'imputer de n'avoir pas pris ses précautions; mais si ce propriétaire veut reprendre ses materiaux, ou garder sa place, il sera tenu de tout le dommage causé par la chûte de son bâtiment, quoiqu'il n'y eût pas de dénonciation qui eût précédé la chûte; & il sera aussi tenu en ce cas d'enlever, non seulement les matériaux qui peuvent servir, mais tout l'inutile.

Si par la chûte d'un bâtiment qui en auroit abattu un autre, il y a lieu à des dommages & intérêts, & qu'il y eût des peintures, ou autres ornemens, pour le seul plaisir, dans le lieu que la ruine de ce bâtiment auroit abattu, il ne se feroit pas une estimation exacte des choses de cette nature: mais cette estimation se feroit modérément, & avec un temperament de justice & d'humanité.

Si une maison qni menaçoit ruine, & pour laquelle le voisin avoit dénoncé, est ensuite abattue par un cas fortuit, comme par un débordement, ou par la violence des vents, & que sa chûte abatte la maison voisine, le propriétaire de la maison dont la chûte a abattu l'autre, ne sera pas tenu de ce ce cas fortuit ; ſi ce n'eſt que le débordement, ou l'orage ne l'ait abattu qu'à cauſe du mauvais état où elle étoit.

Si le bâtiment, dont la chûte a cauſé quelque dommage, appartient à pluſieurs maîtres, ils n'en ſeront pas tenus ſolidairement ; mais chacun à proportion de la part qu'"il avoit au bâtiment tombé.

Si un propriétaire d'un fonds y fait quelque nouveaux ouvrages qui nuiſent, ou au voiſin, ou à d'autres qui ont des héritages ſéparés du ſien, mais qui auroient droit de l'empêcher, il ſera tenu de remettre les choſes dans l'ancien état, & de réparer le dommage que ſon entrepriſe aura pû cauſer.

Celui qui faiſant de nouveaux ouvrages dans ſon héritage uſe de ſon droit, ſans bleſſer ni loi, ni uſage, ni titre, ni poſſeſſion qui pourroient l'aſſujettir envers ſes voiſins, n'eſt pas tenu du dommage qui pourra en arriver ; ſi ce n'eſt qu'il ne fît ce changement, que pour nuire aux autres ſans uſage pour ſoi.

Si les eaux des pluies, ou autres ont leur cours réglé d'un héritage à l'autre, ſoit par la nature du lieu, ou par quelque reglement, ou par un titre, ou par une ancienne poſſeſſion, les propriétaires de ces héritages ne peuvent ici rien innover à cet ancien cours.

Celui qui prétend qu'un nouvel ouvrage qu'un autre entreprend, lui fait préjudice, doit ſe pourvoir pardevant le Juge qui pourra défendre, ou de commencer l'ouvrage ou de continuer ce qui est commencé, jusqu'à ce qu'il soit jugé si l'ouvrage doit être permis ou défendu. Et ces défenses peuvent être ordonnées par provision sur la seule plainte de la nouvelle entreprise, s'il y a du doute qu'elle puisse nuire.

LES entreprises des nouveaux ouvrages dans des lieux publics sont défendues. Et elles sont de plus réprimées par des amendes, ou d'autres peines selon la qualité du fait, & des circonstances.

TOUTES les pertes, & tous les dommages qui peuvent arriver par le fait de quelque personne, soit imprudence, légereté ou ignorance de ce qu'on doit savoir, ou autres fautes semblables quelque légeres qu'elles puissent être, doivent être réparées par celui dont l'imprudence, ou autre faute y a donné lieu.

LE défaut de s'acquitter d'un engagement est aussi une faute qui peut donner occasion à des dommages & intérêts dont on sera tenu. Ainsi un vendeur qui est en demeure de délivrer ce qu'il a vendu, un héritier qui retient la chose léguée sont tenus, non seulement des dommages & intérêts, que leur retardement aura pû causer, mais de la valeur même de la chose si elle périt, quand ce seroit par un cas fortuit.

S'IL arrive quelque dommage par une suite imprévûe d'un fait innocent sans qu'on puisse imputer de faute à l'auteur de ce fait, il ne sera pas tenu d'une telle suite.

CEUX qui font quelques ouvrages, ou quelques travaux d'où il peut arriver quelque dommage à d'autres perſonnes, en ſeront tenus s'ils n'ont uſé des précautions néceſſaires pour le prevenir.

LES incendies n'arrivent preſque jamais par quelque faute au moins d'imprudence ou de négligence, & ceux, de qui la faute, quelque légere qu'elle puiſſe être, cauſe un incendie, en ſeront tenus.

IL arrive quelquefois qu'un fait volontaire cauſe du dommage ſans que celui qui le cauſe en ſoit reſponſable, comme ceux qui dans un incendie ne pouvant ſauver une maiſon où le feu va prendre, abattent cette maiſon pour ſauver les autres. *Notre uſage* en ce point contraire à la diſpoſition du droit civil, ne permet pas dans un incendie à un particulier de démolir une maiſon voiſine pour ſauver la ſienne. Mais les Officiers de police, ou la multitude, voyant le péril ont droit d'y pourvoir.

CEUX qui pouvant empêcher quelque dommage que quelque devoir les engageoit de prevenir y auront manqués, pourront en être tenus ſelon les circonſtances. Ainſi un maître qui voit & ſouffre les dommages que fait ſon domeſtique pouvant l'empêcher, en eſt reſponſable.

SI un cas fortuit eſt une ſuite d'un fait illicite; & qu'il en arrive quelque dommage, celui dont le fait y a donné lieu en ſera tenu.

TITRE X.

De ce qui se fait en fraude des créanciers.

TOUTES les dispositions que peuvent faire les débiteurs à titre de libéralité au préjudice de les créanciers peuvent être revoquées, soit que celui qui reçoit la libéralité ait connu le préjudice fait au créancier, ou qu'il l'ait ignoré ; car sa bonne foi n'empêche pas qu'il ne fut injuste qu'il profitât de leur perte : mais si le donataire ayant été de bonne foi, la chose donnée n'étoit plus en nature, & qu'il n'en eût tiré aucun profit, il ne seroit pas tenu de la rendre.

LES aliénations de meubles & immeubles que font les débiteurs à autre titre que de libéralité à des personnes qui acquierent de bonne foi & à titre onéreux, ignorant qu'il soit fait préjudice à des créanciers, ne peuvent être révoquées quelque intention de frauder qu'ait eu le débiteur. Cela ne s'étend pas au cas, où les créanciers ont un privilége, ou une hypoteque sur la chose aliénée.

QUOIQUE l'aliénation frauduleuse soit faite à titre onéreux, comme par une vente; s'il est prouvé que l'acheteur ait participé à la fraude pour en profiter achettant à vil prix, l'aliénation sera révoquée sans aucune restitution de prix à cet acheteur complice de la fraude, à moins que les deniers qu'il auroit payés ne se trouvassent encore en nature entre mains de ce débiteur qui lui auroit vendu.

POUR obliger à la restitution celui qui acquiert d'un débiteur, ce n'est pas assez qu'il ait sû que ce débiteur avoit des créanciers : mais il faut que le dessein de frauder lui ait été connu.

Si le dessein de frauder n'est pas suivi de l'événement & de la perte effective des créanciers, & que, par exemple, pendant qu'ils exercent leurs actions, ou qu'ils veulent l'exercer, le débiteur les satisfasse par la vente de ses biens, ou autrement; l'aliénation qui avoit été faite à leur préjudice aura son effet : & si dans la suite il vient à emprunter, les nouveaux créanciers ne pourront pas révoquer cette premiere aliénation qui n'avoit pas été faite à leur préjudice. Mais s'ils avoient prêté pour payer les premiers, & que les deniers eussent été employés à ce paiement, ils pourroient révoquer l'aliénation faite avant leur créance ; car en ce cas ils exerceroient les droits de ceux à qui ce paiement les auroient subrogés.

TOUTES les manieres dont les débiteurs diminuent frauduleusement le fonds de leurs biens pour en priver leurs créanciers sont illicites, & tout ce qui sera fait à leur préjudice par de telles voies sera révoqué ; ainsi les donations, les ventes à vil prix ou à un prix simulé, dont le débiteur donne la quitance, les transports à des personnes interposées, les acquits frauduleux, & généralement tous les contrats & autres actes, & ttoutes les autres dispositions faites en fraude des créanciers feront annullées.

Si pour frauder des créanciers un débiteur d'intelligence avec ſon débiteur, ſe déſiſte d'une hypoteque qu'il avoit pour ſa ſûreté ; ſi, pour éteindre la dette, il fournit à ſon débiteur des exceptions qui ne lui étoient pas juſtement acquiſes, ou s'il lui refere le ſerment ſur une demande qui dépendoit de faits qu'il pouvoit prouver ; s'il tranſige de mauvaiſe foi, ou s'il donne quittance ſans paiement : s'il ſe laiſſe débouter d'une demande légitime par colluſion avec ſon débiteur ; ou s'il ſe laiſſe condamner envers un créancier contre qui il avoit de juſtes défenſes : s'il laiſſe preſcrire une dette par intelligence avec ſon débiteur, & s'il fait, ou ceſſe de faire quelqu'autre choſe par où il cauſe une perte, ou une diminution volontaire de ſes biens au préjudice de ſes créanciers ; ce qui aura été fait par cette colluſion ſera révoqué, & les créanciers ſeront remis aux premiers droits de leur débiteur.

Si un débiteur qui avoit un terme pour payer ce qu'il devoit à un de ſes créanciers, ou qui ne devoit qu'à une condition qui n'étoit pas encore arrivée, colludant avec ce créancier pour le favoriſer lui avance ſon paiement, les autres créanciers pourront demander à celui qui aura reçû ce paiement les intérêts du tems de l'avance, & même le principal ſi c'étoit une dette qui ne fût dûe que ſous une condition qui ne ſeroit pas encore arrivée; & en ce cas il ſera pourvû à la ſûreté de ceux à qui cet argent devra revenir, ou de ceux qui devront le recevoir ſi la condition n'arrive point.

On ne doit pas mettre au nombre des liberalités

frauduleuſes qui peuvent être révoquées, ce qui eſt donné à titre de dot, ſoit par le pere de la fille ou par d'autres perſonnes, lorſque le mari ignore la fraude : mais ſi le mari avoit participé à la fraude, il pourroit être tenu de ce qui eſt de ſon fait ſelon les circonſtances.

Il faut diſtinguer ſur cet article la dot que la femme ſe conſtitue elle-même, de celle que ſon pere ou d'autres perſonnes peuvent lui conſtituer. Au premier cas la femme ne peut pas faire préjudice à ſes créanciers; car ils auront leur action contre le mari, pour ce qu'il ſe trouve avoir reçû à titre de dot, étant en cela le débiteur de ſa femme : mais au ſecond cas les créanciers de ceux qui ont fait la conſtitution n'ont pas d'action contre le mari.

Le créancier qui reçoit de ſon débiteur ce qui lui eſt dû ne fait point de fraude, quand même le débiteur par là deviendroit inſolvable, il eſt permis au créancier de veiller pour ſoi.

Si après une ſaiſie de biens d'un débiteur, ou après le délaiſſement qu'il en auroit fait à ſes créanciers, un d'eux reçoit ſon paiement, ou du fonds des choſes ſaiſies, ou de ce qui étoit délaiſſé aux créanciers; il rapportera ce qu'il aura reçû parce qu'alors il prend pour ſoi ce qui étoit à tous, ce qui ne s'entend pas de ce qu'un ſaiſiſſant de meubles peut recevoir par l'effet de ſes diligences, avant qu'il y ait d'oppoſitions.

Celui qui aura participé à une fraude faite à des créanciers, ſera tenu de rendre tout ce qu'il aura reçû par une telle voie avec les fruits, ou autres revenus & les intérêts, si ce sont des deniers, à compter depuis le jour qu'il les aura reçûs, & toutes choses seront remises au même état où elles étoient avant cette fraude.

Tous les complices des fraudes, soit qu'ils en profitent, ou non, seront tenus de réparer le tort qu'ils ont fait.

Le débiteur qui a fraudé ses créanciers n'est pas seulement tenu de reparer autant qu'il se peut sur ses biens l'effet de la fraude; mais il doit aussi être condamné aux peines qu'il pourra mériter selon les circonstances. Voyez l'Ordonnance d'Orleans art. 143. & celle de Blois art. 205. qui établissent des peines contre les banqueroutiers frauduleux.

Si un tuteur ou curateur est complice d'une pareille fraude en faveur de celui qui est sous sa charge, il sera tenu personnellement du dol, & celui qui est sous sa charge, sera tenu aussi de réparer la fraude: mais seulement jusques à la concurrence de ce qui en sera tourné à son profit.

Dans le droit Romain on pouvoit renoncer à des successions testamentaires, & *ab intestat*, & à l'avantage de la falcidie, & de la portion trébellianique: mais suivant quelques Coûtumes il est permis alors aux créanciers de celui qui a renoncé à ces avantages de se faire subroger à sa place. Il est naturel, *& dans notre usage*, & dans les regles même du Droit Romain, que les créanciers puissent exercer tous les droits, & les actions de leurs débiteurs.

Fin de la premiere Partie.

www.ingramcontent.com/pod-product-compliance
Ingram Content Group UK Ltd.
Pitfield, Milton Keynes, MK11 3LW, UK
UKHW020548180726
13838UKWH00001B/114